L'hypnose, une alternative efficace à la médecine traditionnelle

Lahouria DARRAZ

L'hypnose, une alternative efficace à la médecine traditionnelle

© 2019 Lahouria Darraz

Edition : BoD - Books on Demand
12/14 rond-point des Champs Elysées
75008 Paris
Imprimé par BoD – Books on Demand, Norderstedt
ISBN : 978-2-322187829
Dépôt légal : **Octobre 2019**

« Savoir écouter,
c'est posséder, outre le sien,
le cerveau des autres »
Leonard de Vinci

A mon fils, Ngabi FAYCAL
24.03.1990 - 26.05.2019

Une belle âme, partie trop tôt, injustement trop tôt.
Bon voyage, mon enfant.

Mon mentor, brillant et éclairé,
je te dédie ce mémoire.
À toi qui m'as toujours dit
que le cerveau ne vieillissait jamais
et que ses possibilités étaient infinies.

Le blog de l'auteur : espoirenlavie.overblog.com

Contact mail : espoir.de.vie @gmail.com

Introduction

« *Vos paupières sont lourdes...Vous sentez que vous vous endormez...Vous sombrez dans un profond sommeil...* » C'est, en général, la première image qui nous vient quand on pense à l'hypnose.

Le réalisateur américain Woody Allen n'a pas résisté à l'attrait de l'hypnose. Il en a fait le sujet principal de son film « *Le sortilège du scorpion de Jade* », dans lequel un magicien hypnotise deux inconnus et conduit l'un d'eux à réaliser, à son insu, une série de cambriolages.

Hypnose. Fiction ou réalité, l'hypnose fascine, le mot intrigue. Et pourtant l'efficacité de l'hypnose est prouvée. Bon nombre de grands praticiens l'ont utilisé au cours des siècles pour palier soit au manque de médicaments soit à une volonté d'éviter d'injecter aux patients des traitements chimiques dont les effets indésirables étaient encore peu connus ou soit, tout simplement, parce qu'elle permettait d'atteindre directement l'inconscient et avait des résultats positifs sur les maux des patients.

Entre éveil et sommeil, entre conscience et inconscience, l'état hypnotique suscite de nombreuses interrogations.

L'hypnose - le nom est issu du grec « *hypnos* » qui signifie « sommeil » - laisse perplexe, car elle est méconnue et semble peu scientifique. Pourtant, le monde médical s'y est, très tôt, intéressé.

Être hypnotisé fait craindre à la personne de perdre le contrôle de ses actes et d'être en état de dépendance par rapport à l'hypnotiseur.

Utilisée, dès le XIXème siècle, l'hypnose a été le 1ᵉʳ « outil » d'anesthésie des chirurgiens, l'hypnose consiste à guider et à occuper l'attention du patient, jusqu'à la saturer, sur d'autres perceptions que celles de la partie du corps opérée.

En effet, l'hypnose est de plus en plus utilisée dans le domaine médical en raison de son efficacité. C'est une alternative intéressante à d'autres pratiques médicales.

D'une sédation locale en remplacement d'anesthésie générale, jusqu'à la réduction de l'administration de la quantité d'antidouleur administrée en passant par une cicatrisation plus rapide, l'arrêt de la cigarette, le traitement de la <u>douleur pour les grands brûlés…</u>, les bienfaits de l'hypnose ne sont plus à prouver et cette technique est de plus en plus utilisée pour ses principes thérapeutiques.

L'hypnose permet de travailler sur l'inconscient en mettant le patient dans un état de conscience modifiée, et donc ainsi d'agir sur une partie du cerveau à laquelle nous n'avons pas accès normalement.

Grâce à ce « lâcher-prise », la personne peut se confronter plus facilement à ses problèmes et modifier ses comportements.

La plupart de nos souffrances sont liées à un refus, à une crainte ou à un désaccord entre ce qui se passe en nous et ce que l'on voudrait. L'hypnose ne transforme pas la souffrance d'un coup de baguette magique – puisqu'elle ne modifie pas la réalité - mais elle aide à résoudre bien des maux et permet au patient de vivre avec.

De ce fait, tout ce qui est de l'ordre de la sensorialité et de la perception peut être influencé par les jeux de l'attention que propose l'hypnose.

Stress, urticaire et addiction, douleurs chroniques ou aiguës (dans ce qu'elles ont de plus subjectif), anxiété (dont les ressorts se trouvent dans l'esprit lui-même) ou phobies (qui s'ancrent dans l'imaginaire), tout cela peut s'apaiser par le biais d'une pratique de l'hypnose, ou de l'auto-hypnose, qui va progressivement aider à guider l'attention du sujet.

Pour bien comprendre l'ampleur de ce phénomène et son mécanisme, nous présenterons dans ce mémoire ce qu'est l'hypnose et nous expliquerons les grands principes de cette discipline thérapeutique.
Ensuite, après avoir rappelé le fonctionnement du cerveau, nous étudierons les effets de l'hypnose sur le cerveau.
Puis nous verrons comment l'hypnose agit sur nos sensations ainsi que son action sur les tâches motrices.
Enfin, après avoir retracé les principales notions de la psychanalyse et mis en évidence l'efficacité de l'hypnose sur la remémorisation, nous montrerons l'effet de l'hypnose sur la diminution de la douleur et son intérêt sur les plus jeunes enfants.

A. Généralité sur l'hypnose

I. Principe de l'hypnose

Vous faites un trajet en voiture et ne connaissez pas le chemin. Vous parvenez néanmoins à la destination, mais vous êtes incapable d'expliquer le chemin que vous avez emprunté.

Lorsque vous êtes en état d'hypnose, vous êtes un peu comme ce conducteur qui ne se souvient pas du chemin qu'il a emprunté pour atteindre sa destination.

Autre exemple, lorsqu'un enfant est profondément absorbé par ce qu'il fait, qu'il regarde ou qu'il rêve au point qu'il faut plusieurs appels pour briser sa concentration : il est en auto-hypnose !

Être en état d'hypnose ne signifie pas être endormi. Bien au contraire, le patient est mis dans un état de veille particulier au cours duquel, bien qu'il paraisse somnolent, il est soumis à des images mentales qui envahissent sa conscience.

Donc, contrairement à ce que l'on pourrait penser, l'hypnose est un état plus proche de l'éveil que du sommeil.

Notre conscience est bien débranchée, mais notre cerveau est en hyper éveil, même en état d'hyper contrôle, ce qui permet aux patients de mettre en communication des zones du cerveau qui n'ont pas l'habitude de communiquer habituellement ensemble et d'avoir des capacités supplémentaires par rapport à l'éveil simple.

Le patient se trouve alors dans un état de « conscience modifiée » qui s'apparente au fonctionnement naturel du corps et de l'esprit.

Dans les exemples qui précèdent, cet enfant et vous-même êtes en état d'hypnose. C'est cet état que le praticien va amplifier et diriger par exemple pour permettre au patient de supporter sans douleur une intervention douloureuse.

II. Qu'est-ce que l'hypnose ?

Au départ, l'hypnose est une méthode mise au point en psychiatrie.

Le principe est de court-circuiter les processus mentaux, de manière à atteindre plus facilement l'inconscient.

L'état hypnotique correspond à un état de conscience modifiée où les choses sont perçues différemment. Cela peut aider à faire ressurgir certains problèmes ou traumatismes liés à l'enfance.

L'hypnose permet, ainsi, de contourner les mécanismes de protection mis en place par le patient.

III. Les principales techniques d'hypnose

L'hypnose thérapeutique est proposée pour soigner de nombreux maux.

Il existe deux principales écoles qui sont d'ailleurs complémentaires :

- La **première**, traditionnelle, est basée sur la suggestion. La personne face à l'hypnotiseur subit des injonctions verbales, visuelles et corporelles. Pratiquée jusqu'à Freud, cette technique part du postulat suivant : si l'on suggère à un patient de guérir, il peut guérir. Aujourd'hui encore, les hypnotiseurs de spectacle, qui s'amusent à endormir une salle entière, relèvent de cette école.
- La deuxième, **l'hypnose Ericksonienne**, sollicite la participation active du patient. Il s'agit plus d'un état de profonde relaxation, pendant lequel le patient va pouvoir s'exprimer librement. Le thérapeute utilise des métaphores - c'est-à-dire un langage symbolique - pour guider l'inconscient du sujet et l'amener à trouver lui-même les solutions à ses problèmes.

B. Hypnose et cerveau

I. Le cerveau en état d'hypnose : la transe hypnotique

Contrairement à ce que nous pensons, lorsque nous sommes « sous hypnose », nous restons pleinement conscients.

Des recherches scientifiques récentes en neurosciences démontrent d'ailleurs que les sujets hypnotisés sont pleinement éveillés.

L'hypnose est, ainsi, un état particulier de conscience qui diminue la perception de ce qui se passe autour de soi. Pourtant, le sujet reste sensible à certaines suggestions.

Une étude, réalisée à l'Université de Genève, sur la compréhension de l'effet hypnotique sur le comportement et la perception des mécanismes neurophysiologiques impliqués dans le mouvement, confirme que l'état hypnotique repose sur des mécanismes cérébraux particuliers.

Il y a en état d'hypnose une reconfiguration de la communication entre plusieurs régions du cerveau. Et des régions différentes sont impliquées pendant l'expérience sous hypnose.

Ainsi, l'intention du sujet est préservée sans inhibition de sa volonté d'agir.

Pendant le processus hypnotique, le cerveau du sujet fonctionne, non pas en soumission aux ordres donnés par l'hypnotiseur, mais il se crée un véritable changement de l'activité cérébrale lors duquel les représentations mentales du sujet et l'attitude centrée sur soi (introspection), déclenchées par les suggestions de l'hypnotiseur, prendraient le contrôle de l'action.

L'hypno-thérapeute, passe par le biais de ce que l'on appelle les « *lieux paisibles* » qui appartiennent à l'univers intérieur du patient – comme, par exemple, une plage paradisiaque ou une montagne féerique. Ces lieux lui serviront de « *refuge mental* » dans lequel l'esprit du patient vogue, le coupant, ainsi, de ses sens.

Lors de ce voyage intérieur, aussi appelé « **transe hypnotique** », l'esprit du patient est, ainsi axé sur un autre centre d'intérêt. La personne, tout comme un spectateur dans une salle de cinéma, reste apte à percevoir ce qui l'entoure et garde la maitrise de la situation.

Lors de cette « *transe hypnotique* », certaines zones du cerveau s'activent comme si la scène imaginée était vraiment vécue par les sens.

L'esprit se trouve alors comme dans un état de veille paradoxale.

II. Le fonctionnement du cerveau

De tous les animaux, l'homme a, par rapport à sa taille, le plus volumineux des cerveaux. Celui d'un homme adulte pèse en moyenne 1,3 kg et rappelle une grosse noix.

Le cerveau remplit deux missions :
- Il assure le fonctionnement coordonné de tous les organes
- Et il permet aux individus d'agir sur leur environnement.

C'est au niveau du cerveau que s'élaborent les sensations et c'est de lui que partent les influx moteurs. Il est le siège du psychisme et de la volonté.

Tout comme l'activité réflexe, l'activité cérébrale met en œuvre des récepteurs, des centres nerveux et des effecteurs.

Le cerveau est protégé d'une enveloppe protectrice : les méninges.

L'activité psychique s'extériorise par le comportement et le langage.

L'encéphale est un ensemble de systèmes fonctionnels :

- Certains sont automatiques : c'est-à-dire qu'ils accomplissent toujours le même travail
- D'autres se constituent selon les nécessités.

Cette plasticité est propre au cerveau humain.

Ce sont les interactions, appelées « synapses », entre les différentes structures nerveuses qui déterminent la réponse comportementale ou verbale.

L'acte volontaire encore appelé **intentionnalité** nécessite :
- La définition du but à atteindre (sa conception)
- La délibération du plan d'action et la décision d'effectuer ou non cet acte
- La programmation et le déclenchement du plan d'action
- L'exécution de l'acte
- Le maintien de l'activité jusqu'à l'obtention du but

Les **comportements** sont provoqués par :
- L'intégration des messages sensoriels conscients
- Ou par l'activité du lobe préfrontal
- Ou par des besoins comme, par exemple, la faim ou la sexualité. C'est alors l'hypothalamus qui, percevant les variations physico-chimiques du milieu intérieur (glycémie, taux d'hormones sexuelles…), en avertit les zones corticales de façon à déclencher le comportement moteur (recherche de nourriture ou de partenaire sexuel).

Le cerveau est la partie la plus volumineuse de l'encéphale.

L'encéphale est formé de 2 hémisphères cérébraux :
- L'hémisphère droit
- Et l'hémisphère gauche.

Les fonctions perceptives et motrices sont également distribuées dans les 2 hémisphères.

La zone fonctionnelle permettant le langage (parlé et écrit) est plus développée sur l'hémisphère gauche.

Alors que l'hémisphère droit est le lieu de la perception des formes et l'appréhension de l'espace.

Les 2 hémisphères sont reliés entre eux par 2 ponts de substance blanche : le corps calleux et le trigone. Entre ces 2 ponts, les ventricules latéraux ne sont séparés que par une fine cloison transparente.

Les 2 hémisphères contiennent une substance blanche recouverte d'un *cortex cérébral gris, d'épaisseur variable : la matière grise*. C'est le siège de la pensée. L'endroit où sont prises les décisions.

Chaque hémisphère abrite un ventricule de forme complexe. Au-dessus des ventricules latéraux, se trouvent des masses grises : les corps striés, unis par une commissure blanche. En arrière des corps striés se trouvent 2 masses volumineuses :

- Les couches optiques ou **thalamus** : unis par une commissure grise. **Le thalamus** sert de relais général à toutes les formes de sensibilité. L'excitation des diverses régions du thalamus permet d'obtenir toutes les réactions émotionnelles qu'elles soient somatiques (cris, tremblements...déclenchés par l'intermédiaire des noyaux gris moteurs)

ou viscérales (réaction citée, déclenchée par l'intermédiaire de l'hypothalamus).
- **L'hypothalamus** : cerveau de la vie végétative, auquel est reliée une glande endocrine aux fonctions multiples : l'hypophyse. **L'hypothalamus** occupe le sommet de la hiérarchie neurovégétative. Ce sont des influx d'origine hypothalamique qui déclenchent toute la gamme des réactions viscérales liées à l'expression des émotions : variation de diamètre de la pupille, dilatation ou contraction des vaisseaux cutanés (rougissement ou blêmissement), variation des rythmes respiratoires et cardiaques, relâchement des sphincters, émission des larmes, hérissement des poils, sudation…Ces réactions hypothalamiques peuvent être déclenchées par des influx venant du thalamus ou du rhinencéphale.

Le thalamus et l'hypothalamus contrôlent, entre autres, la faim et la soif.

À côté se trouve **le rhinencéphale** qui reçoit électriquement les influx olfactifs (d'où son nom : du grec « rhis », « rhino », qui veut dire « nez »), mais il reçoit également des influx tactiles, visuels, auditifs…Une réponse électrique (potentiel évoqué) peut toujours être obtenue en un point quelconque du rhinencéphale, quel que soit la nature et le lieu d'excitation.

Deux domaines semblent particulièrement concernés par l'activité rhinencéphalique : la mémoire et l'affectivité. C'est au niveau du rhinencéphale que s'opèrent le contrôle et la coordination des réactions émotionnelles ainsi que des instincts (recherche des aliments, instinct de conservation, instinct sexuel…).

Le « cerveau ancien » doit être considéré comme un centre de synthèse, réagissant, en bloc, aux excitations reçues.

Le cerveau récent, appelé « **neo-cortex** », ne se substitue pas à lui, mais, par ses localisations précises, il vient enrichir les possibilités de la « machine nerveuse » en lui apportant les moyens d'analyse qui lui font défaut.

III. Prise de décisions au niveau du cerveau

Pour prendre des décisions, le cerveau reçoit des informations de tout l'organisme. Ces informations passent dans la colonne vertébrale et la moelle épinière, elle aussi composée de neurones.

Les informations vont et viennent via les muscles et le cerveau, par le biais de la moelle épinière. L'ensemble forme le **système nerveux**. Certaines voies, très rapides, font appel à un nombre restreint de neurones. Par exemple, la commande d'un muscle du pied par le centre moteur du cerveau fait intervenir des chaines ne comportant que 2 neurones :

- L'un d'eux est une cellule pyramidale du cortex cérébral
- L'autre, une cellule multipolaire de la corne antérieure de la moelle

Les messages nerveux, venus des centres, parcourent les nerfs moteurs et déclenchent la contraction des muscles. Les messages venus des organes sensoriels parcourent les nerfs sensitifs et aboutissent aux centres.

Au niveau des **centres inférieurs** (moelle épinière, tronc cérébral), ils sont à l'origine de réactions immédiates appelées *réflexes.*

Au niveau **du cortex cérébral**, ils sont à l'origine de sensations conscientes.

IV. Le système nerveux

Au point de vue anatomique, on distingue :
- **Le système nerveux central ou *névraxe*** : il comprend l'encéphale et la moelle épinière. Le *névraxe* est logé dans la cavité crânienne (encéphale) et dans le canal rachidien (moelle épinière). Il est protégé et nourri par les méninges et le *liquide céphalorachidien*.
- **Le système nerveux périphérique** : il comprend les nerfs et les ganglions. Ceux-ci forment parfois des lacis inextricables appelés *plexus*.

Un organisme établit en permanence des relations avec le milieu extérieur par l'intermédiaire de son système nerveux. Les informations ou les ordres sont transmis, sous forme d'influx nerveux dont on peut recueillir les perturbations électriques qui se présentent sous forme d'un train d'ondes.

Un nerf est formé de fibres. Le nerf, donc la fibre nerveuse, à 2 propriétés l'excitabilité et la conductibilité.

Quel que soit l'excitant, le nerf à une seule réponse : l'influx nerveux. Et c'est le muscle qui reçoit le message sous la forme de *l'influx nerveux*. L'influx nerveux est accompagné d'un phénomène électrique enregistrable : le *potentiel d'action*.

Or, l'influx nerveux qui se déplace dans une fibre ne peut pas se transmettre à une autre fibre directement, même si les 2 fibres se touchent. La fibre obéit à la loi du « tout ou rien ». Cela signifie qu'au-dessous d'un seuil d'excitation, il ne se passe rien alors qu'au-dessus du seuil, nous observons a un potentiel maximum. Mais ce n'est pas le cas du nerf. On explique cela par le fait qu'une faible intensité de stimulation touche un petit nombre de fibres. L'intensité croissant, un nombre de fibres de plus en plus élevé est excité. Quand toutes les fibres sont touchées, l'amplitude de la réponse ne peut augmenter.

Le phénomène est comparable à celui rencontré pour le muscle. Donc fibre musculaire et fibre nerveuse obéissent aux mêmes lois. La vitesse de propagation de l'influx nerveux est plus faible quand elle se trouve sur un trajet comportant un centre nerveux ou un ganglion que lorsqu'elle est calculée sur le trajet d'un nerf. Le temps ainsi perdu au niveau de chaque synapse s'appelle le *délai synaptique*.

IV.1. Le neurone

Le système nerveux est formé essentiellement de cellules nerveuses appelées *neurones* qui lui confèrent ses propriétés. La caractéristique des neurones est d'avoir des prolongements (dendrites et axones) parcourus par ce que l'on appelle *l'influx nerveux*.

Il y a 100 milliards de neurones qui coexistent dans le cerveau humain. Mis, bout à bout les neurones forment des sortes de routes sur lesquelles circulent des messages.

Ces messages descendent le long de chaque neurone sous la forme de petit courant électrique. Les informations arrivent dans les neurones par de petites fibres : *les dendrites*.

L'information est traitée par les cellules puis elle repart en descendant le long d'une autre fibre, *l'axone*, qui finit par se diviser en plusieurs branches et chaque branche transmet l'information à un autre neurone. C'est ainsi que, de neurone en neurone, les messages circulent à l'intérieur du cerveau, de la moelle épinière et des nerfs.

L'ensemble formé par un corps cellulaire et les fibres qui s'y rattachent constituent la *cellule nerveuse* ou *neurone*.

En moyenne, chacun neurones est en liaison avec 10 000 autres neurones. Toute cette structure est donc constituée de cellules : *les neurones.*

Pour le système nerveux, comme pour le système musculaire, l'Homme dispose, à la naissance, d'un nombre défini de cellules qu'il conservera, en principe, toute sa vie. Sauf en cas d'accident ou de maladie, dans ce cas la perte est irrémédiable.

L'influx nerveux parcourt le neurone dans le sens :
Dendrite -) corps cellulaire -) axone

Le passage de l'influx d'un neurone sur un autre se fait grâce à une articulation ou **synapse** qui relie l'axone du premier aux dendrites ou corps cellulaire du second.

L'influx chemine, très rapidement, le long des fibres (jusqu'à 100m par seconde), mais le franchissement des synapses entraîne un retard notable. Le temps mis par un message nerveux pour aller d'un point à un autre dépend moins de la distance à parcourir que du nombre de synapses à franchir.

IV.2. Les synapses

Dans les centres nerveux se trouvent de nombreuses fibres qui se terminent par un renflement et qui s'appuient, soit sur d'autres fibres, soit sur un corps cellulaire : les renflements sont les boutons synaptiques. Chacun d'eux représente un lien entre 2 neurones différents.

Au niveau du bouton synaptique, les 2 neurones sont séparés par un intervalle de 20mn.

En outre, la synapse n'est pas symétrique : l'un des éléments comporte des vésicules l'autre non. À cet endroit, l'influx nerveux se transmet toujours dans le même sens.

C'est pourquoi le neurone qui se termine par le bouton avec les vésicules est appelé *neurone « présynaptique »*, l'autre neurone est le *neurone « postsynaptique »*.

Un neurone peut avoir de 1000 à 10 000 synapses et peut recevoir l'information de 1000 autres neurones. Un neurone est rarement isolé : il fait partie d'une chaine neuronique.

Trois cas principaux peuvent se présenter, l'arborisation d'un neurone A peut rencontrer :

- **Les dendrites d'un neurone B** : cas d'une synapse axodendritique
- **Le corps cellulaire (ou *soma*) d'un neurone B** : cas d'une synapse axosomatique
- **L'axone d'un neurone B** : cas d'une synapse axoaxonique

Chez un individu éveillé totalement détendu, les muscles gardent encore un certain état de contraction, de tension, qui ne disparait que pendant le sommeil profond. Cet état de légère contraction permanente porte le nom de tonus musculaire et joue un rôle important dans le maintien des attitudes et de l'équilibre.

Un muscle se contracte sous l'action d'une commande nerveuse. Anatomiquement, il y a une relation nerf-muscle.

À son arrivée dans le muscle, la fibre nerveuse motrice, ou *axone*, se ramifie à son extrémité en un certain nombre de branches dont chacune aboutit à une fibre musculaire.

Le motoneurone, son axone et les cellules musculaires innervées constituent un ensemble fonctionnel que l'on appelle « *unité motrice* ». Chaque fibre nerveuse commande ainsi tout un groupe de fibres musculaires représentant une unité motrice.

Lorsque le neurone transmet un ordre moteur, si l'intensité de l'influx est suffisante, toutes les fibres se contracteront en même temps. Le nombre de fibres contractées dépend donc du nombre de neurones moteurs transmettant un influx.

La partie « *présynaptique* » est formée par la fibre nerveuse qui ne comporte plus qu'une enveloppe, prolongement de la gaine de Schwann.

La partie « *post synaptique* » est formée par la cellule musculaire.

La surface de la membrane dans la zone synaptique est très augmentée par la formation de plis : elle constitue l'appareil sous-neural de cette cellule musculaire.

L'influx nerveux peut être aussi transmis à des glandes. Cette fois, l'excitation ne provoque pas une contraction, comme dans le cas d'un muscle, mais une sécrétion, activité spécifique des cellules.

Arrivé aux extrémités ultimes de l'axone, c'est-à-dire au niveau des boutons synaptiques, l'influx nerveux permet la libération d'une substance : ***le neurotransmetteur***.

IV.3. Les neurotransmetteurs ou neuromédiateurs

L'information n'est pas seulement transmise par des signaux électriques, elle l'est aussi par des substances chimiques : ***les neuromédiateurs***.

Un neurotransmetteur est une substance chimique synthétisée par le neurone, mise en réserve dans des vésicules présynaptiques, libérée dans la fente synaptique.

Le neurotransmetteur agit sur place en se fixant sur les récepteurs situés sur la membrane plasmique du neurone postsynaptique.

La formation du complexe transmetteur-récepteur déclenche l'influx nerveux dans le neurone postsynaptique.

Les neurotransmetteurs contiennent 2 substances :

- **La substance « vagale »** : est composée, chimiquement, d'acétylcholine (résultat de la combinaison de l'acide acétique avec une base organique, *la choline* ;
- Et **la substance « sympathine »** : composée, chimiquement, de noradrénaline (substance appartenant au groupe des « amines » et dérivant d'un cycle aminé, *la tyrosine.*

Les neurotransmetteurs sont synthétisés par le neurone à partir de substances apportées par le sang. Les neurotransmetteurs descendent le long de la cellule et viennent ensuite s'accumuler à l'intérieur d'un petit sac : le « *bouton synaptique* ».

Lorsque l'influx nerveux arrive à l'extrémité de l'axone, il provoque la libération du neurotransmetteur qui passe alors dans la fente synaptique.

Les neurotransmetteurs, sous l'effet d'un courant électrique, libèrent des substances chimiques. Ils traversent la synapse et atterrissent sur le neurone suivant où elles sont reconnues par des récepteurs.

À l'arrivée des neuromédiateurs, le neurone réagit et produit un courant électrique.

Les neurones produisent 2 types de neuromédiateurs (substances chimiques) :

- Certains les neuromédiateurs excitateurs : facilitent le passage de l'information,
- D'autres les neuromédiateurs inhibiteurs : empêche l'information de passer

Ces 2 types de neuromédiateurs contrôlent, en permanence, nos cellules nerveuses.

Parfois, l'aiguillage se fait mal. Les décharges électriques se déclenchent de façon anarchique dans des groupes de neurones, de façon répétitive, provoquant des crises d'épilepsie.

Un neurone présynaptique est excité. Le potentiel d'action engendré se déplace le long de l'axone. L'excitation franchit ensuite la synapse puis se traduit différemment selon le type de cellule postsynaptique :

- Sur un 2ème neurone, c'est l'influx nerveux
- Sur une fibre musculaire, il y a concentration
- Sur une cellule glandulaire, il y a sécrétion

Notons que le neurotransmetteur est rapidement inactivé.

V. Effet de l'hypnose sur le cerveau : une étude de l'école de médecine de l'université de Stanford aux États-Unis

Ni sommeil, ni inconscience, l'hypnose est connue depuis longtemps comme un état de conscience modifiée, mais l'activité du cerveau pendant cette période restait jusqu'alors bien mystérieuse.

Des chercheurs ont analysé l'activité du cerveau pendant l'état d'hypnose dans le but d'améliorer l'efficacité de cette technique, notamment chez des personnes peu réceptives.

Une étude parue dans la revue « Cérébral Cortex » et relayée par le New York Times lève le voile sur les zones du cerveau activées, désactivées et connectées entre elles lors de l'état de transe hypnotique.

Réalisée par des chercheurs de l'école de médecine de l'université de Stanford, aux États-Unis et publiée par la revue Cérébral Cortex, lève une partie du voile sur le fonctionnement de cet état modifié de conscience (EMC). Il prouve que cette technique est un phénomène neurobiologique à prendre en compte sérieusement et que le cerveau se modifie lorsqu'il entre dans un état hypnotique.

Grâce à l'IRM, certains mécanismes cérébraux impliqués dans l'état hypnotique et plus particulièrement ceux qui sont associés à la focalisation de l'attention sur l'activité mentale, à la diminution de la conscience de soi et à l'augmentation du contrôle des réactions corporelles par la pensée.

Bien que la science se soit depuis longtemps intéressée à l'hypnose, l'avènement des techniques d'imagerie cérébrale a permis une amélioration des connaissances sur le fonctionnement du cerveau dans ces conditions particulières.

Ainsi, l'IRM met en évidence que certaines aires cérébrales sont spécifiquement activées lors de l'hypnose.

Ces chercheurs montrent que l'hypnose a un effet particulier sur le cerveau en agissant notamment sur le débit sanguin : il y a ainsi une diminution de l'interaction entre certaines régions cérébrales.

Problématique : **Que se passe-t-il dans le cerveau quand un patient est dans un état d'hypnose ?**

Des patients moins conscients d'eux-mêmes et plus ou moins réceptifs

Nous le savons, tout le monde peut être hypnotisé, mais certains vont atteindre plus facilement l'état d'hypnose que d'autres pour lesquels ce sera plus difficile en raison de leur degré de lâcher-prise et de l'acceptation de la personne.

D'après les études, seulement 10 % de la population environ sont « *hautement hypnotisables* » et répondent facilement, tandis que 10 autres % y parviennent difficilement.

En général, les gens qui sont hypnotisables ont tendance à être moins conscients d'eux-mêmes, à faire plus vite confiance à d'autres personnes et à être plus imaginatifs.

Observation et expérimentation de l'étude

Pour l'étude et dans le but de tester la réceptivité à l'hypnose, les scientifiques ont d'abord soumis 545 étudiants à différents tests, avant de sélectionner 57 d'entre eux. Parmi ces derniers, 36 étaient considérés comme très hypnotisables et donc particulièrement réceptives et 21 étaient complètement imperméables (insensibles à l'hypnose) et donc très peu ou pas réceptifs. Ces derniers ont constitué le groupe contrôle, afin de déterminer ce qui appartient à l'état d'hypnose et ce qui relève d'un état différent. L'objectif étant de pouvoir comparer les données.

Les sujets devaient imaginer un temps où ils se sentaient heureux, ensuite se représenter en vacances.

Les cerveaux en action étaient analysés à l'aide d'IRM fonctionnelles (IRMf), une technique d'imagerie cérébrale qui permet de mesurer l'activité cérébrale en observant le flux sanguin des volontaires.

Grâce à l'IRM fonctionnelle, les scientifiques ont scanné quatre fois le cerveau de chacun des 57 participants pendant trois phases différentes : au repos, pendant une tâche de rappel de mémoire (en se rappelant d'un souvenir), et durant deux sessions de transe hypnotique semblables à celles utilisées en hypnothérapie.

Les cerveaux des personnes les plus sensibles ont montré les signes de trois changements distincts au moment où ils étaient en pleine transe. En effet, les régions cérébrales qui se sont activées sont celles liées à l'**inquiétude** dans un certain contexte, au **contrôle de l'esprit sur le corps**, à l'**exécution des tâches** et aux **rêves éveillés.**

Dans leur ensemble, toutes ces modifications représentent les effets déjà observés chez les personnes sous hypnose.

Résultat de l'étude
L'activité du cerveau modifiée

L'état hypnotique implique un autre type de fonctionnement du cerveau.

Trois changements majeurs ont été observés lors d'un état d'hypnose.

- **L'activité des neurones** augmente dans une zone impliquée dans la concentration sur la résolution d'un problème (région dorsale cingulaire antérieure). Il y a une diminution de l'interaction entre le cortex préfrontal dorsolatéral (siège de la planification, des fonctions exécutives...) et le circuit du mode par défaut (qui inclut le cortex préfrontal médian et le cortex cingulaire postérieur). Cette diminution de connectivité représente probablement le décalage entre les actions et la prise de conscience des actions. Cela explique qu'une personne hypnotisée soit tellement absorbée qu'elle ne se soucie plus de rien d'autre. En effet, quand un patient est vraiment engagé dans quelque chose, il ne pense pas vraiment qu'il le fait. Ainsi, au cours de l'hypnose, cette dissociation entre l'action et la réflexion permet de se livrer à des activités suggérées sans consacrer de ressource mentale à être conscient de le faire. De sorte qu'un hypnotiseur peut amener un entraîneur de football à danser comme une ballerine sans qu'il se sente gêné de ce qu'il fait.)

- **Les échanges neuronaux**, autrement dit une augmentation de la connectivité sont aussi plus intense entre deux des régions le cortex préfrontal dorso-latéral et l'insula. Il s'agit d'une connexion corps-esprit qui aide le cerveau à déterminer et contrôler ce qui se passe dans le corps. Ces 2 régions gèrent la flexibilité cognitive et la conscience de soi. Le cerveau contrôle ainsi mieux ce qui se passe dans le corps.
- En revanche, **la connectivité** entre ce même cortex préfrontal dorso-latéral et le « réseau par défaut » (activé lorsque le cerveau est en état de veille, au repos) est, elle, amoindrie. Une diminution de l'activité a été constatée dans cette région dorsale cingulaire antérieure, qui fait partie du *réseau de saillance*, lequel sélectionne les stimulus pertinents sur lesquels porter l'attention. Ce réseau par défaut est activé quand le cerveau est « au

repos ». Même quand aucune tâche particulière ne lui est demandée, le cerveau est toujours en activité. Il est donc important de connaitre l'état de cet organe quand il est en veille pour pouvoir le comparer à un autre état de conscience.

La connexion plus faible entre ces zones explique que l'action et la conscience de cette action soient dissociées dans l'hypnose. Grâce à cela, les patients peuvent envisager les choses autrement, penser et comprendre différemment. Ainsi, les personnes sous hypnose envisageraient les choses, penseraient et comprendraient différemment. On ne change pas ce qui s'est passé, mais la perception qu'en a la personne. Dans l'hypnose, le patient est tellement absorbé qu'il ne se soucie de rien d'autre. Cela lui permet de se livrer à des activités suggérées par le praticien ou autosuggérées sans consacrer de ressource mentale à la conscience de soi.

Interprétation et conclusion de l'étude

L'intérêt de cette expérience est de montrer qu'elles sont les régions cérébrales qui sont impliquées dans le processus de l'hypnose.

Sous l'effet de l'hypnose, les patients "hypnotisables" voient l'activité de certaines régions cérébrales (ou plus précisément, celles du cortex cingulaire dorsal antérieur) réduites, du fait d'un afflux sanguin limité.

Des zones de notre cerveau qui nous aident habituellement *"à décider, parmi la multitude de choses qui nous entourent, lesquelles il faut ignorer et celles qui méritent notre attention"*.

Sous hypnose, on réduit son attention comme sous l'effet d'un téléobjectif. Ce que l'on voit est beaucoup plus détaillé, mais on voit moins ce qu'il y a autour.

Conséquence : Les patients hypnotisés sont davantage en mesure de se concentrer sur une tâche en particulier, sans se soucier de l'environnement extérieur. De plus, les réseaux associés à la communication entre l'esprit et le corps seraient plus connectés que dans un état non-hypnotique. Deux facteurs qui permettent d'expliquer *"pourquoi l'hypnotiseur peut amener un entraîneur de football à danser comme une ballerine sans qu'il soit conscient de ce qu'il fait"*,

Des découvertes qui pourraient révolutionner la prise en charge de patients, notamment en psychiatrie. L'hypnose pourrait ainsi aider les gens à *contrôler leurs réactions physiques en réponse à des pensées et à des facteurs de stress.*

L'hypnose thérapeutique peut traiter de nombreux problèmes, comme les traumatismes, la douleur ou l'anxiété. Les avancées de ces nouveaux travaux permettront aux chercheurs de gagner en crédibilité et de faire avancer la connaissance de ce phénomène.

Il est donc possible d'utiliser ces connaissances pour modifier la capacité d'une personne à être hypnotisée, ou l'efficacité de l'hypnose elle-même.
En effet, plus l'on comprend les corrélations entre neurologie et physiologie, mieux l'on peut accompagner les patients et améliorer l'efficacité de l'hypnothérapie.

L'hypnose est une fonction naturelle et normale du cerveau. C'est une technique qui a évolué pour nous permettre de mener des actions de routine tout en nous engageant profondément dans ce qui compte pour nous. Sur la base de ces nouvelles connaissances, les scientifiques pourraient adapter l'hypnose pour traiter certaines pathologies.

C. L'hypnose et les sensations

I. Qu'est-ce qu'une sensation ?

La sensation correspond à un stimulus reçu par un organe des sens, transmis, sous la forme de potentiel électrique, aux aires sensorielles par l'intermédiaire de fibres nerveuses centripètes, se manifestant par une volée d'ondes électriques.

Concrètement, les récepteurs cutanés détectent les variations de température et émettent des signaux « électriques ».

Le message est, ensuite, envoyé au cerveau par l'intermédiaire des fibres sensitives. Il est codé en fonction des variations de température et parvient au niveau d'une zone spécifique : l'aire de la sensibilité thermique.

Là, il provoque des variations de l'activité électrique et chimique corticale : d'où les sensations de chaud et de froid.

Chez l'Homme, la moitié du corps se projette, tout entière, sur l'aire sensitive opposée.

Si l'on suit, de bas en haut, la circonvolution pariétale ascendante, on rencontre successivement, les projections de la langue, de la tête, du membre supérieur, du tronc et du membre inférieur.

Toutes ses zones du cerveau peuvent se modifier avec l'apprentissage. Par exemple, considérons le violoniste, la zone où se situe la main gauche fera travailler plus de neurones que chez un non-musicien.

Les crampes dans une main sont représentées, au niveau du cerveau, par des points plus rapprochés que sur un côté sain.

II. Le cortex cérébral

Chez l'Homme, le système nerveux est formé de 12 milliards de neurones, dont 9 (soit les trois quarts) pour le seul ***cortex cérébral***.

Les histologistes divisent le cortex en une série d'aires caractérisées par autant de structures différentes qui correspondent, chacune, à une forme particulière d'activité.

III. L'aire ou les zones sensitives cérébrales

Les voies de la sensibilité générale consciente, cutanée et profonde, atteignent le cortex après croisement dans la moelle épinière et le bulbe et relais dans les noyaux thalamiques.

Elles représentent l'aboutissement des fibres auditives, olfactives…Leur étendue est proportionnelle non à la surface de l'organe sensoriel, mais à son importance fonctionnelle.

Les aires auditives et psycho-auditive

Si le cortex sensitif réceptionne les informations, il ne permet pas ni leur interprétation ni leur intégration.

Par exemple, l'atteinte du territoire situé en arrière de l'aire auditive n'entraîne pas la surdité, le patient entend les mots, mais il ne comprend pas leur signification : c'est ce que l'on nomme « *l'aphasie* ».

Cette zone est nommée « **aire psycho-auditive** », car elle met en relation les aires sensorielles avec d'autres zones corticales ou sous-corticales : comme l'aire préfrontale, l'aire de mémorisation... permettant ainsi d'analyser les sensations : c'est la *« zone d'association »*.

De même, au niveau des zones « **psycho-visuelles** », une personne atteinte *« d'agnosie visuelle »* ou *« cécité psychique »* voit les objets, mais ne sait pas dire de quoi il s'agit, ni qu'elle est sa fonction. Il existe également dans l'aire psycho-visuelle un centre de compréhension des mots écrits.

À chaque « sens » correspond une zone du cerveau.

Chaque information, traitée par le cerveau, emprunte un réseau de neurones différents, c'est-à-dire une route différente. Par exemple, lorsqu'une personne entend une voix, l'information est transmise par le nerf auditif au cerveau et circule sur un réseau de neurones.

Lorsque la personne entend de la musique, l'information arrive dans la même zone, mais circule dans un autre réseau.

Lorsqu'une personne goutte un met ou qu'elle touche quelque chose ou encore lorsqu'elle voit quelque chose, ce sont, à chaque fois, des réseaux de neurones différents qui s'activent.

Même quand la personne dort, le cerveau travaille.

Le principe est toujours le même : les capteurs situés dans les narines permettent de percevoir les odeurs. Ils transmettent leurs informations vers le cortex olfactif. La langue transmet ses informations au cortex olfactif.

Les oreilles envoient leurs informations au cortex auditif.

Les capteurs situés dans les yeux transmettent leurs informations vers le cortex visuel.

C'est au niveau des « **aires associatives** » que se fait la synthèse, l'intégration des informations reçues c'est-à-dire la naissance des perceptions.

La perception est donc le fait d'organiser les données sensorielles par lesquelles nous connaissons le monde extérieur, de leur donner une signification, en fonction de notre expérience…ou de nos désirs.

En arrière de l'aire sensitive primaire s'étend une aire secondaire ou s'opèrent l'intégration des sensations élémentaires (perception) et l'identification de l'objet perçu (gnosie).

Dans l'aire psycho-sensitive sont enregistrées les images tactiles antérieurement acquises : c'est donc à la fois un centre d'intégration des sensations présentes et de mémoire des perceptions antérieures.

IV. Le mécanisme de la perception des sensations sous hypnose : une étude réalisée à l'Université d'Harvard : Expérience sur les tâches sensorielles

Problématique : l'état hypnotique permet-il de moduler la perception sensorielle ?

Observation et expérience

Dans cette étude, réalisée à l'Université d'Harvard, on demande au sujet éveillé de regarder un panneau constitué de carreaux colorés puis uniquement de carreaux gris.

Si on lui donne le panneau coloré à voir : les deux régions du cerveau impliquées dans la perception des couleurs, situées au niveau du lobe occipital, s'activent.

Si on lui demande d'imaginer que le panneau coloré est gris, elles restent actives.

En revanche, quand on répète l'opération sous hypnose, les deux régions se désactivent quand on lui demande d'imaginer que le panneau coloré est gris.

Conclusion

Sous hypnose, le sujet peut donc croire à des illusions auditives ou visuelles dont on trouve des traces cérébrales.

V. Expérience pour « débrancher les automatismes »

Avec l'hypnose, nous avons le pouvoir de nous transformer.
Une des clés de l'efficacité de l'hypnose : sa capacité à débrancher les automatismes et à favoriser la flexibilité psychologique.

Comme le révèlent les neurosciences, l'hypnose modifie nos processus cognitifs et sensoriels. Elle entraîne à revisiter la réalité et la perception que l'on en a et, par là même, à développer des comportements et des facultés inédites.

L'hypnose a ainsi la particularité de désamorcer certaines réactions programmées de notre cortex.

Expérience 1

Un test connu des psychologues, mis au point par James Stroop en 1935, consiste à dire rapidement de quelle couleur sont les lettres utilisées pour un mot désignant une couleur différente. À savoir par exemple : le mot « bleu » écrit en rouge. Un temps d'hésitation est alors tout à fait naturel, car notre cerveau se trouve déstabilisé face à deux informations qui lui semblent contradictoires : spontanément, on a tendance à lire le mot (bleu), alors qu'ici il est demandé d'indiquer sa couleur (rouge).

Expérience 2

Les chercheurs ont ensuite réitéré le même type d'expérience, mais impliquant les perceptions auditives.

Les participants sont installés face à un écran qui projette l'image d'une personne en train de parler et il leur est demandé de noter les sons qu'ils perçoivent.

Cependant, ce qui n'est pas précisé aux volontaires, c'est que le seul son émis est « ba », alors qu'à l'image, la personne prononce d'autres syllabes comme « pa » ou « fa ».

L'incohérence entre les deux messages (entre le « ba » entendu et le « pa » ou la prononciation du « pa » ou du « fa » qui se dessine sur les lèvres) fait que 75 % des sujets notent un son erroné.

Conclusion

C'est une conséquence de « *l'effet McGurk* », du nom du psychologue qui l'a mis en évidence. Preuve que notre cerveau combine automatiquement les dimensions visuelles et auditives d'un message. S'il y a une incohérence entre les deux, la perception se brouille.

Expérience 3

Dans un second volet de l'expérience, l'expérimentateur annonce aux participants qu'il va les hypnotiser pour les rendre plus réceptifs au test : « *Pensez comme dans un rêve éveillé, et laissez vos paupières se fermer doucement, relâchez vos épaules, vos muscles, imaginez que vous êtes très lourds, et tout en écoutant ma voix, je voudrais que vous remarquiez à quel point il est facile de vous concentrer sur ce que vous entendez, et de repérer les sons. Votre sens de l'ouïe domine tout le reste. Ce super sens auditif va être très important quand vous allez refaire l'exercice sur l'ordinateur. Avec cette aptitude particulière, vous pourrez repérer immédiatement le son que vous entendez* ».

Conclusion

Après cette suggestion hypnotique, le taux d'erreur sur la perception du message sonore tombe de 75 % à 25 %.

La démonstration est ainsi faite qu'il est possible, sous hypnose, de déprogrammer des réactions ou des perceptions qu'on pensait complètement automatiques.

Conclusion générale des 3 expériences

Cela soulève des questions très importantes sur la façon dont nous pouvons agir sur le comportement humain, et aider certaines personnes à le changer.

Beaucoup de comportements dont nous souffrons, dans lesquels nous sommes enfermés, et dont nous n'arrivons pas à nous libérer, sont des comportements devenus automatiques.

VI.   Mieux jouer de nos sens avec l'hypnose

Certaines personnes ont la capacité naturelle de coupler deux modalités sensorielles de natures différentes : un parfum et un son, un chiffre et une couleur, un goût à une forme, etc.

Ce mélange des sens s'appelle « *la synesthésie* ».

Cette prédisposition serait présente chez le nouveau-né et disparait progressivement au cours de son développement, sauf chez environ 4 % des individus chez qui elle persiste toute la vie. Il semblerait que beaucoup de synesthètes soient des artistes, à l'instar par exemple du peintre russe Vassily Kandinsky qui « *peignait des musiques* ».

Le fait d'être synesthète pourrait aussi entraîner une meilleure capacité d'analyse et de mémorisation. Cette association des sens agirait probablement à la façon dont on utilise des lettres en couleurs pour favoriser l'apprentissage de l'alphabet chez les enfants.

Or des études montrent que cette aptitude peut être développée sous hypnose.

En 2009, le Pr Roi Cohen Kadosh, chercheur en neurosciences à l'université de Londres, a réalisé l'expérience suivante. Pendant une séance d'hypnose, il suggérait à des volontaires : « *À chaque fois que vous verrez le chiffre 3, la couleur rouge apparaîtra* ».

Et après la séance, les personnes lisant le chiffre 3 voyaient la couleur rouge apparaître. De plus, elles ne parvenaient pas à distinguer le chiffre 3 écrit sur un fond rouge. Tout comme c'est le cas des synesthètes de naissance qui lient chiffres et couleurs.

Pour le Dr Jean-Marc Benhaiem, hypnothérapeute au centre d'étude et de traitement de la douleur de l'Hôtel-Dieu à Paris, cette synesthésie provoquée tient sans doute à la particularité du fonctionnement cérébral sous hypnose qui entraîne la mise en relation « *non pas de deux ou trois aires sensorielles, mais d'une multitude d'aires cérébrales* ».

Cela expliquerait la facilité à modifier les perceptions sous hypnose, et se révèle un outil précieux en hypnothérapie.

Ainsi un objet peut être lié à un dégout, une situation autrefois pénible, reliée à une sensation agréable.

Le soin par l'hypnose poursuit ce but : défaire des associations, en créer d'autres, bénéfiques ».

D. L'hypnose et l'activité motrice

Les comportements sont provoqués par l'intégration des messages sensoriels conscients ou par l'activité du lobe préfrontale du cortex, mais ils peuvent également être déclenchés par des besoins primaires, tels que la faim par exemple.

C'est **l'hypothalamus** - lieu de l'apprentissage - qui percevra les variations physico-chimiques du milieu intérieur (hypoglycémie, hormones sexuelles…) et en avertit les zones corticales, de façon à déclencher un comportement moteur : par exemple, la recherche de nourriture….

La « **substance réticulée** », centre nerveux de la base du cerveau, intervient dans l'état d'éveil, car elle reçoit et traite les informations sensorielles avant de les projeter sur le cortex. Elle est nécessaire à l'élaboration des réflexes conditionnels.

D'autres structures interviennent, notamment :
- **Le cervelet** : qui régule les mouvements volontaires qu'il précise et perfectionne et qui coordonne les mouvements automatiques
- **Le tronc cérébral** (bulbe-pédoncules-tubercules) : qui est le lieu de transit des messages moteurs et sensoriels
- **Les noyaux gris centraux** (corps striés et couches optiques) : responsables des automatismes.

I. L'aire motrice et psycho-motrice

L'aire motrice est un véritable clavier de commande assurant la contraction élémentaire de tous les muscles.

Le système musculaire tout entier se projette sur la circonvolution frontale ascendante, mais l'étendue de chaque centre moteur dépend, non de la masse des muscles qu'il commande, mais de la précision des mouvements dont ces muscles sont capables : par exemple, chez l'Homme, le visage et les mains occupent une fraction importante de l'aire motrice.

L'aire psycho-motrice, comme l'aire psycho-sensitive, de l'un des hémisphères est toujours prédominante. Il s'agit de l'hémisphère gauche, chez les droitiers, et de l'hémisphère droit, chez les gauchers.

Cette prédominance permet une meilleure coordination des mouvements symétriques.

Mais, si l'éducation vient contrarier l'équilibre naturel, la double commande se manifeste, avec souvent un léger décalage : c'est pourquoi les gauchers que l'on a contraints à écrire de la main droite présentent parfois des troubles de la parole, défaut de langue ou bégaiement.

Nous remarquons que la surface corticale est proportionnelle non pas à l'étendue de l'organe correspondant, mais à son importance fonctionnelle.
- **L'hémisphère gauche** : est le support des mécanismes de l'élaboration volontaire des mouvements ou des séquences des mouvements en ordre logique (donc des comportements).

- **L'hémisphère droit :** contribue seulement à insérer ces mouvements dans l'espace.

Schéma 1 : trajet de l'influx déclenchant et coordonnant l'activité motrice

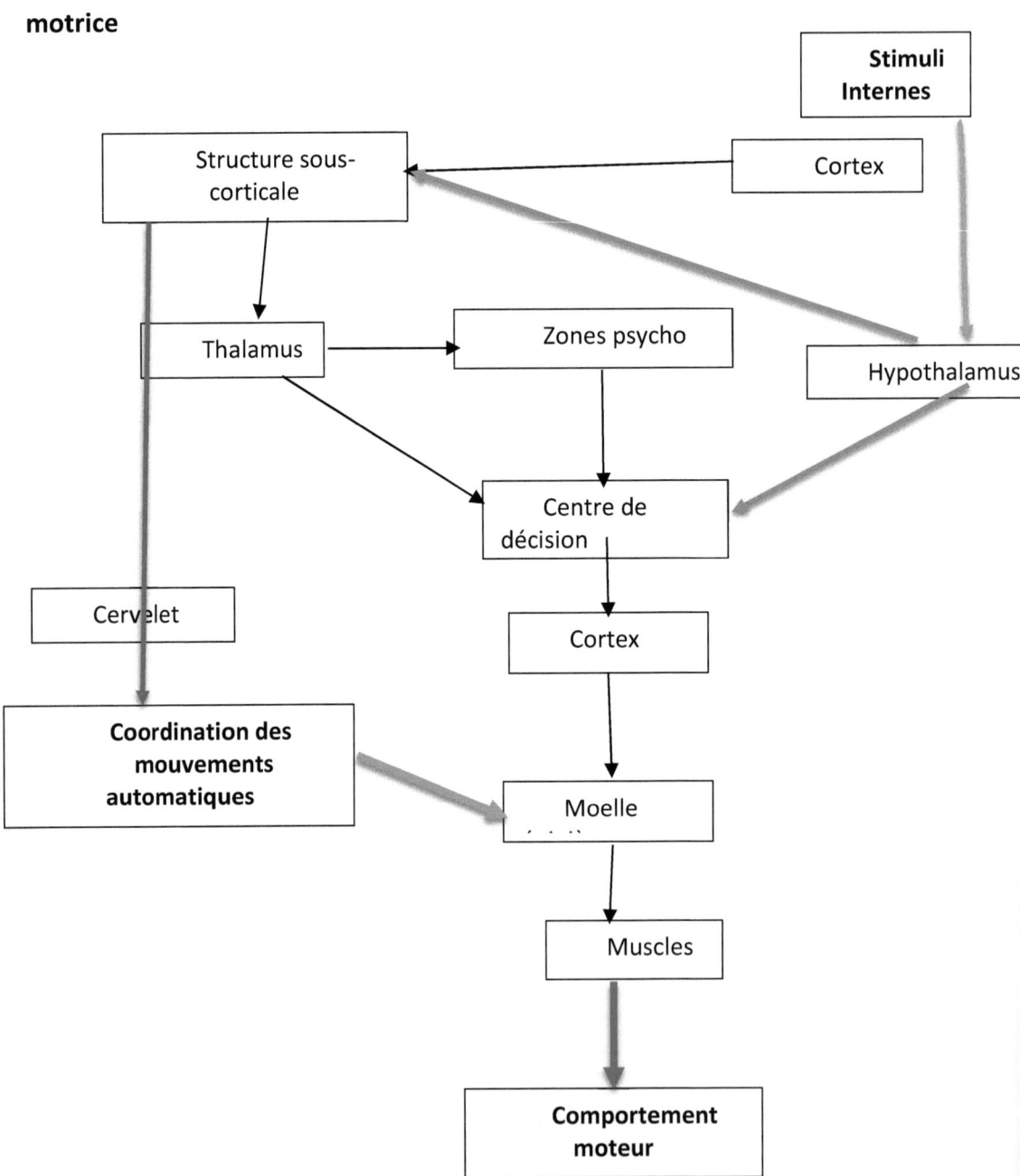

II. Expérience sur les tâches motrices sous hypnose : une étude réalisée à l'Université de Genève.

Les chercheurs de l'Université de Genève, utilisent l'imagerie par résonance magnétique fonctionnelle pour déterminer si le blocage d'un mouvement de la main par suggestion hypnotique repose sur des mécanismes cérébraux similaires à un blocage volontaire.

Problématique : étudier le pouvoir de la suggestion hypnotique.

Observation et expérimentation

Douze sujets, dont on avait au préalable établi qu'ils sont particulièrement sensibles à l'hypnose, étaient dans un état normal de veille, ou placé sous hypnose.

Les sujets devaient alors effectuer une tâche dite de « Go » – « No Go » qui consiste à appuyer ou non sur un bouton.

On commençait par projeter sur un écran une main grise, gauche ou droite, qui indique de se préparer à appuyer sur le bouton et avec quelle main.

Puis les sujets devaient appuyer le plus rapidement possible s'ils percevaient une main verte (*Go*) ou, au contraire, ne pas bouger si la main projetée était rouge (*No Go*).

Durant l'hypnose, il leur était suggéré que leur main gauche était paralysée.

À côté, six autres volontaires sont chargés d'agir comme s'ils étaient incapables de bouger la main gauche.

L'imagerie fonctionnelle mesure l'activation des régions cérébrales aux différents stades de la tâche : préparation, exécution (Go), ou inhibition (No Go).

En même temps, elle mesurait les changements des liens entre les régions du cerveau afin de suivre les régions qui s'activent en même temps ou dont l'activité change.

Résultats

Les résultats révèlent que l'hypnose provoque une reconfiguration de la communication entre plusieurs régions du cerveau.

Ainsi, au moment de l'exécution du mouvement sous hypnose, l'activité augmente plus que chez les sujets non hypnotisés dans le cortex frontal inférieur droit, associé au contrôle volontaire des tâches, et dans « *l'aire de Broca* », qui assure la production et le traitement du langage.

Simultanément, le cortex moteur, activé dans la phase de préparation, apparaît déconnecté des aires prémotrices, impliquées dans la planification des mouvements. Normalement, il n'est pas déconnecté.

En revanche, le cortex moteur communique davantage avec une aire pariétale, le precuneus, associé à la création d'images mentales, à la mémoire autobiographique et aux représentations de soi, ce que l'on ne constate pas normalement.

Une telle activité cérébrale suggère, non pas une inhibition directe du cortex moteur par les ordres adressés par l'hypnotiseur, mais un changement d'activité du cortex frontal et du cortex pariétal. L'exécution des mouvements serait déconnectée de l'intention et de l'attention. Des représentations mentales et une attitude centrée sur soi (introspection) déclenchées par les suggestions de l'hypnotiseur prendraient le contrôle du comportement. Le pouvoir de la suggestion hypnotique, mais aussi celui de l'imagerie intérieure, sont ainsi confirmés. C'est comme si l'imagination prenait le contrôle du cerveau et de la perception.

Conclusion de l'étude

Lors de cette étude de paralysie induite par hypnose, les chercheurs ont ainsi pu observer que l'hypnose provoquait une reconfiguration de communication entre plusieurs régions du cerveau.

Ainsi, au moment de l'exécution d'un mouvement sous hypnose, l'activité augmente (plus que chez les sujets non hypnotisés) dans le cortex frontal inférieur droit (associé au contrôle volontaire des tâches) et dans l'aire de Broca (assure la production et le traitement du langage).

Simultanément, le cortex moteur, activé dans la phase de préparation, apparaît déconnecté des aires prémotrices (impliquées dans la planification des mouvements) normalement non déconnectées.

En revanche, le cortex moteur communique davantage avec une aire pariétale, le précuneus, associé à la création d'images mentales, à la mémoire autobiographique et aux représentations de soi (ce que l'on ne constate pas normalement).

Ces chercheurs ont découvert que 3 zones étaient activées dans le contexte de leur expérience :
- La **jonction temporo-pariétale** : associée à la création d'images mentales, à la mémoire autobiographique et aux représentations de soi.
- Le **cortex prémoteur :** impliqué dans la planification des mouvements.
- Le **cortex frontal inférieur droit** : associé au contrôle volontaire des tâches.

Nous pouvons donc conclure que l'hypnose agit sur 3 zones principales :
- Les régions exécutives frontales,
- Les régions sensorielles
- Et les régions impliquées dans l'imagerie mentale, « *précunéus* », qui seront activées par les inductions de l'hypnotiseur afin de soigner les différentes formes de phobie des patients.

III.   Circuits neuronaux impliqués sous hypnose

Lorsque nous sommes sous hypnose, l'imagerie cérébrale met en évidence que, les régions exécutives frontales sont déconnectées du reste du cerveau, ce qui entraîne, pour la personne sous hypnose, la réalisation des choses de façon automatique, sans réflexion.

Nous pouvons aussi observer que les régions sensorielles et les régions impliquées dans l'imagerie mentale comme le « *précunéus* » sont activées sous hypnose, sans doute dues à l'imagerie mentale qui sert à l'induction hypnotique.

Nous en déduisons que les circuits neuroniques activés lors de l'hypnose dépendent des suggestions données par l'hypnothérapeute.

Les régions cérébrales qui subissent une action sous l'hypnose sont classées en 3 grandes catégories :
- **Les régions sensorielles** : qui traitent les informations comme les sons, les images, les odeurs (déclenchées grâce à des inductions de

l'hypnothérapeute) : cortex occipital, cortex visuel.
- **Les régions exécutives** : qui exécutent le comportement (un mouvement par exemple) : *précuneus*.
- Les régions impliquées dans les **processus attentionnels** : qui sélectionnent les informations pertinentes de notre environnement et permettent l'état de semi-sommeil indispensable à l'hypnose : le précuneus (cette région montre le plus haut taux d'activité nerveuse au repos de toutes les régions cérébrales impliquées dans ce qu'on appelle « *l'état de repos* »), le cortex cingulaire antérieur.

E. Hypnose et mémoire

I. Notion de mémorisation

L'apprentissage a la capacité de modifier le comportement en fonction de l'expérience.

La mémorisation est la capacité de conserver de telles modifications et des informations, pendant un certain laps de temps, pour les restituer à la conscience lorsque les stimulus ayant provoqué le comportement se reproduisent.

La mémoire fait intervenir les centres psycho-sensitifs et psycho-moteurs, ainsi que les nombreuses connexions qui relient ces centres entre eux. Il existe ainsi des « *circuits de mémoire* » unissant les divers centres entre eux : la destruction d'un seul maillon de la chaine entraîne la rupture du circuit correspondant.

Ainsi :
- **La mémoire à court terme** : met en jeu le cortex cérébral.
- **La mémoire à long terme** (enregistrement durable des informations) : fait appel en plus à des structures sous-corticales (système limbique, hypothalamus).

Les informations en provenance des aires sensorielles, sont transmises à des cellules, toujours les mêmes, établissant des jonctions précises et invariantes où est stockée l'information : « *les circuits réverbérants* ».

Lorsque les influx ont traversé plusieurs fois les synapses, ces dernières deviennent plus aptes à transmettre les mêmes impulsions à la fois suivantes : c'est le « *processus de facilitation* ».

Le circuit facilité sur tout son parcours s'appelle un « *engramme* » ou « *trace de souvenir* ».

Cette réinjection des mêmes impulsions dans les mêmes circuits explique la mémoire à court terme.

Pour la mémoire à long terme, certains chercheurs estiment qu'en plus il y aurait des modifications physico-chimiques au niveau des synapses.

Certains neurones apprendraient à synthétiser des protides pour chaque situation donnée.

II. Expérience sur les tâches de remémorisation

Problématique : comprendre le mécanisme de la remémorisation sous hypnose

Observation et expérience

Lorsqu'on demande à un sujet sous hypnose de rappeler un souvenir, on observe une activation d'un réseau comprenant les régions de la vision, des sensations, et de la motricité, comme si le sujet voyait, sentait et bougeait.

Alors que lorsqu'on demande au même sujet de se rappeler du même souvenir sans être hypnotisé, il y a activation des lobes temporaux droits et gauche.

Conclusion

Ceci laisse supposer que sous hypnose, le sujet revit son souvenir, alors que pendant la remémorisation en conscience normale, les sujets se souviennent seulement.

III. Expérience consistant à faire revivre des vacances agréables à neuf sujets

Dans un premier temps, les chercheurs demandent aux patients de se remémorer des souvenirs de vacances heureuses de façon très intense en visualisant mentalement les scènes, les paroles, voire les odeurs qui lui sont liées.

Lorsque les sujets éveillés se rappellent un souvenir, ils activent surtout les lobes temporaux et « le précuneus », région du cortex pariétal et le cortex cingulaire postérieur.

Or ces régions sont désactivées lorsque les sujets sont en état hypnotique.

De plus, la désactivation de ces zones a déjà été observée dans des états modifiés de conscience comme dans un état végétatif et dans certaines phases du sommeil.

En revanche, sous hypnose, les sujets activent un réseau qui comporte les régions de la vision occipitale, des sensations pariétales et de la motricité précentrale, comme s'il voyait, sentait et bougeait, alors qu'il est immobile.

Ces données scientifiques concordent avec le ressenti des participants : ils mentionnent invariablement l'impression de « revivre » des moments agréables, alors que pendant la remémoration d'événements agréables en conscience habituelle, ils se « souviennent » seulement de leur vécu.

D'autres travaux vont conforter ce résultat. Par exemple, ceux de l'Université canadienne de Waterloo qui monte une expérience avec huit sujets suffisamment mélomanes pour se rappeler d'un morceau de musique.

Cette étude montre la même activation dans le cortex cingulaire antérieur lorsqu'un sujet écoute un morceau de musique ou si on lui demande de se le rappeler sous hypnose.

Or cette activation n'existe pas, lorsqu'on lui demande de se souvenir du morceau et qu'il est éveillé.

F. Hypnose et inconscient

Nous pouvons caractériser la conscience par :
- Un certain niveau de vigilance du système nerveux central
- Un certain degré de sensation consciente c'est à dire perceptible par le sujet, sous la dépendance d'aires d'associations temporales.

Le sommeil et la veille sont deux états de conscience.

Entre ces deux états existe un grand nombre de degrés des états de vigilance et d'attention : veille attentive, veille au repos, sommeil à ondes lentes, sommeil paradoxal, coma, mort.

I. L'hypnothérapie pour comprendre l'inconscient

Il n'est pas simple de comprendre son inconscient. Celui-ci se manifeste notamment lorsqu'une personne rêve.

En règle générale, le rêve n'a pas de sens. Ce ne sont qu'une succession d'images et de sensation, assemblées les unes aux autres. Ces images ne sont pas à interpréter au pied de la lettre, ce sont des symboles dont l'inconscient se sert afin de faire passer un message.

Certains de ces symboles peuvent être universels, mais la plupart d'entre eux sont propres à chaque individu. Il est ainsi difficile d'interpréter les messages envoyés durant les rêves, car ils n'apparaissent qu'une fois.

C'est à ce moment qu'entre en jeu la relation entre inconscient et hypnothérapie.

Durant l'hypnose, le thérapeute va pouvoir émettre des hypothèses en s'adressant directement au subconscient. Celui-ci pourra alors exprimer le message de façon différente, et confirmer ou non l'hypothèse du professionnel.

La communication avec le subconscient n'est pas une chose facile et se fait étape par étape. L'association entre inconscient et hypnothérapie permet une compréhension plus facile de soi-même.

II. Les topiques freudiennes

Dans la tradition philosophie depuis Platon, l'Homme a toujours été pensé comme un « *animal raisonnable* ». On lui reconnait un fond d'animalité, de passions obscures, mais ce fond n'a rien d'inquiétant, car l'Homme par sa raison et sa volonté en est le maitre.

S. Freud remet en question les théories de Descartes et de Kant qui définissaient le sujet humain comme un être doté d'une faculté de représentation c'est-à-dire d'un état de conscience, d'un bloc et sans faille.

Pour Freud justement il existe une faille, une scission avec cette théorie de la philosophie classique, dans laquelle il s'est engouffré pour concevoir sa théorie de l'inconscient, avec la mise en évidence d'une pensée ou d'une volonté inconsciente qui fait que l'Homme n'est plus maitre de lui comme on le pensait naguère.

De son côté, l'Homme refuse d'admettre que se pensées, ses désirs, lui sont soufflés, inspirés, à son insu, par une partie de lui-même qu'il ignore.

Et plus encore, cette partie de lui-même, qui le détermine dans ses motivations profondes, représente un domaine bien plus vaste que le MOI conscient.

La partie qui émerge représente seulement 1/10eme de la partie immergée.

Enfin, cette partie cachée, comble de la frustration, lui est aussi impénétrable que le psychisme d'un autre.

Les 2 topiques freudiennes :
- ➢ **La première topique** (du grec Topos qui signifie "lieu") de Freud divisait le cerveau humain en 3 parties : **le conscient, le préconscient et l'inconscient**.
- ➢ **La seconde topique**, de 1923, est bâtie sur le triptyque : **ça (Inconscient), moi (Conscient) et surmoi,** qui seraient 3 instances de personnalités, présentes chez l'homme et qui régissent ses comportements à la fois conscients et inconscients.

Ainsi, notre vie psychique est régulée par 2 groupes de pulsions :
- **L'instinct de vie** (Eros) responsable de la conservation du MOI
- Et **l'instinct de mort** (Thanatos)

Parmi tous les phénomènes psychiques, certains se produisent plus visiblement que d'autres en dehors du contrôle et de la domination de la conscience. Telles sont, en particulier, les rêves puisque le sommeil écarte la conscience.

Pour Freud, « *l'interprétation des rêves est la voie royale qui mène à la connaissance de l'inconscient* ».

De même, les névrosés ont des attitudes dont la logique interne et la signification échappent à leur volonté consciente.

Enfin, les actes automatiques, les gestes ou les paroles que nous laissons échapper à notre insu sont les témoins et les révélateurs d'intentions qui nous échappent.

III. Les informations filtrées par le cerveau

Beaucoup d'information parvenant du cortex ne donne pas naissance à des sensations conscientes.

Il existe un système de filtrage au niveau du lobe temporal et du thalamus, qui, en fonction de la charge émotionnelle du message, laisse passer ou non l'information.

Cette dernière ne sera donc pas perçue par la conscience (le MOI), mais refoulée dans l'inconscient (le CA).

Le CA est la zone du psychisme d'où jaillissent les impulsions instinctives correspondant aux besoins primitifs comme la faim, la sexualité…Il forme la base de l'inconscient.

Ces pulsions, refoulées normalement par le MOI et le SURMOI (les règles sociales) affleurent parfois à la conscience sous forme de comportements dont le sujet ignore la raison.

Pour Freud, *« l'inconscient est le psychisme lui-même »*. Il l'écrit dans son livre « *l'Interprétation des rêves* ». Ainsi, toutes pensées ne sont pas inconscientes, mais toute pensée, d'une certaine manière, réside d'abord dans l'inconscient.
Freud démontre ainsi, la dépendance de tout le psychisme en général, vis-à-vis de l'inconscient.

Comme nous pouvons le constater, le principal apport concret de la psychanalyse est d'élargir le domaine « *de ce qui a un sens* » : comme ces phénomènes que sont les « actes manqués », les rêves et les névroses, qui appartiennent, depuis Freud, au monde humain, au monde du « sens ». Ainsi, ils expriment, des intentions, des désirs. Ce sont des actes psychiques aussi complets que les actes conscients.

Pour expliquer cette dépendance, Freud prend l'image de deux cercles imbriqués l'un dans l'autre.

Schéma 2 : les différentes topiques de l'appareil psychique et les principaux lieux qu'ils entretiennent

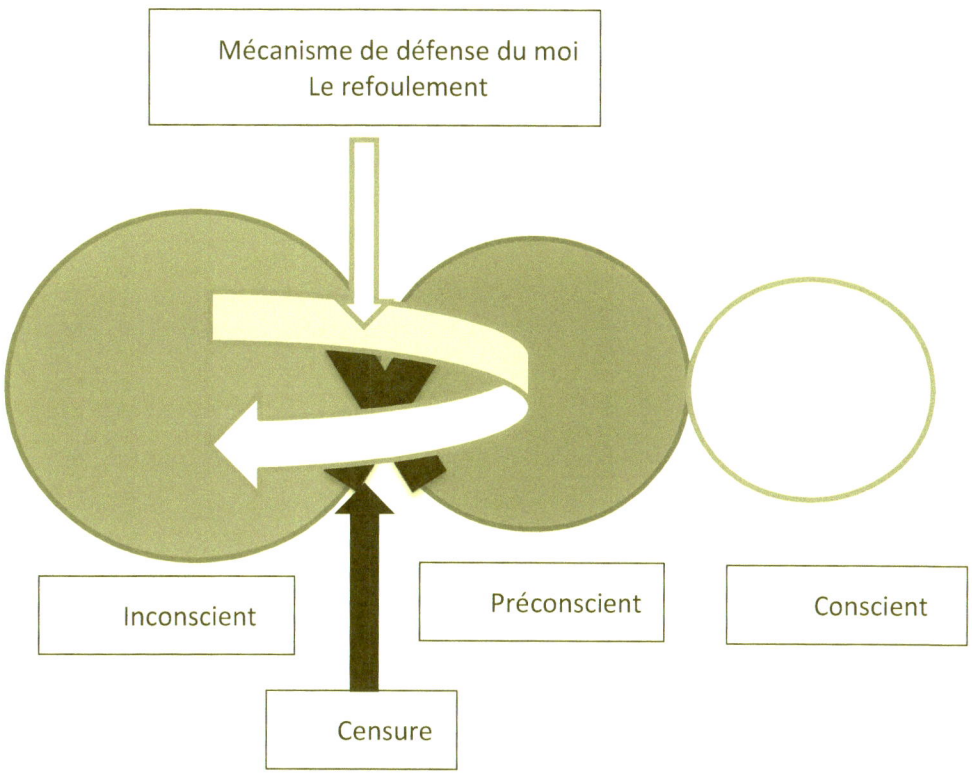

La grosse flèche désigne la direction spontanée automatique, des processus psychiques, de l'inconscient vers le conscient.

La censure est représentée par le X, barrage entre l'inconscient et le préconscient.

La flèche qui retourne vers l'inconscient indique l'opération qui, soit maintient le refoulé dans l'inconscient, soit l'y fait revenir s'il a pu parvenir (par force ou par ruse) à pénétrer le préconscient.

Le refoulement est donc un mouvement qui va en sens opposé du dynamisme de l'inconscient dont la tendance est toujours de se manifester.

L'auteur du refoulement, c'est l'inconscient lui-même.

IV.   Principales notions de psychanalyse

IV.1. La notion d'inconscient

L'inconscient est l'ensemble des phénomènes psychiques provisoirement ou définitivement inaccessible à la conscience.
C'est ainsi que nos souvenirs d'enfance ou ceux de nos dernières vacances ne sont pas présents actuellement, ou pas continuellement, dans ma conscience, mais que je peux les rappeler à la conscience, par un effet de mémoire, ou par hasard quand je vois un objet qui me rappelle un événement vécu auparavant.

IV.2. La notion de préconscient

À côté des souvenirs, nous disposons d'une foule d'habitudes, de réflexes. Pour Freud cet inconscient temporaire, plus ou moins facilement disponible, se nomme le **préconscient**.

Le préconscient désigne les contenus psychiques momentanément latents.

L'inconscient, lui, est réservé à des représentations, c'est-à-dire à des idées, images, ou des traces dans la mémoire, qui sont, en permanence, hors d'atteinte de la conscience.

Ces représentations sont étroitement liées aux pulsions fondamentales, c'est-à-dire aux principales tendances ou « poussées » qui se ramènent à 2 types :

- Les pulsions sexuelles
- Et les pulsions de conservation de soi

Les pulsions ne sont ni psychiques ni corporelles, mais elles se trouvent à la limite des 2 domaines : elles traduisent, pour ainsi dire, dans le psychisme les exigences biologiques.

La pensée inconsciente est dominée par le désir et toujours par la recherche de plaisir qui ne se soumet ni à la chronologie ni à la logique.

IV. 3. La censure ou idéal du Moi ou surmoi

Pour concrétiser le mécanisme du refoulement, Freud suppose une instance de contrôle, la « **censure** » qu'il appelle aussi dans ses conférences « **l'idéal du MOI** » qui sera plus tard, le « **surmoi** ».

La censure accepte ou refuse de laisser passer vers les sphères supérieures telle ou telle représentation venue de l'inconscient.

La censure est comparée à un « *gardien* » qui inspecte chaque tendance et, si elle lui déplait, lui fait rebrousser chemin même si elle est déjà entrée dans le préconscient.

La censeure qui opère le refoulement ne se situe donc pas au niveau du moi conscient, mais à un niveau inconscient du moi.

Elle est le « *mécanisme de défense du moi* » contre l'intrusion des tendances anarchiques, dangereuses, exagérément exigeante, en provenance de l'inconscient.

IV.4. Le refoulement

Les contenus inconscients sont poussés par leur propre dynamisme à devenir conscient : tout inconscient tend à passer à la conscience.

Or, si cette tendance des représentations inconscientes à se manifester pouvait s'exprimer librement, il n'existerait pas d'inconscient véritable. Mais l'expérience montre qu'une certaine force s'oppose à l'entrée dans le conscient de tout l'inconscient.

Cette force qui maintient une certaine partie du psychisme hors de la conscience se nomme le **refoulement**.

L'inconscient, du point de vue descriptif, c'est le « *refoulé* ». En effet, les éléments refoulés exercent une pression continuelle dans la direction du conscient. Le refoulement constitue une contre-pression en sens inverse. Cela suppose, de la part de l'individu, une dépense constante d'énergie pour maintenir l'équilibre.

IV.5. Le retour du refoulé

Cependant, les désirs refoulés trouvent malgré tous des moyens détournés pour aboutir à une satisfaction : ils obtiennent des satisfactions substitutives indirectes et symboliques, l'insu de la conscience. Cette extériorisation substitutive, ces plaisirs ou apparences de plaisirs de remplacement est ce que Freud appelle « *le retour du refoulé* » : c'est ce qui se traduit par les actes manqués, le rêve et les syndromes névrotiques.

La psychanalyse étudie ces substitutions en montrant le rapport qui existe entre une manifestation apparemment absurde et un désir inconscient.

IV.6. La résistance

Quelle que soit la situation, les actes manqués expriment tous des éléments incomplètement refoulés. Les déformations qu'ils subissent obéissent aux mêmes lois que celles qui vont se dégager de l'étude des rêves.

Ainsi, peu importe que le rêve soit confus ou clair, les souvenirs qui se trouvent suscités à propos du rêve comptent davantage que son contenu explicite.

Car ce sont précisément les idées que l'on voudrait rejeter, refoulée comme étant déraisonnable, qui sont souvent les plus proches de la vérité inconsciente. Et la réaction qui consiste à rejeter ces idées qui viennent spontanément est une réaction qui a ses motifs inconscients et que Freud appelle *la résistance.*

La personne interrogée aura en effet une tendance involontaire à cacher le secret de son acte manqué : elle dira que les choses auxquelles elle pense sont absurdes, sans rapport avec l'acte en question et si l'intention cachée, l'intention refoulée et perturbatrice est découverte, elle refusera souvent d'admettre l'interprétation qu'on lui propose.

La résistance nous pousse, en effet, à échafauder des arguments pour démontrer l'absurdité des explications concernant les rêves.

Cette résistance, plus ou moins consciente, qui s'oppose à toute manifestation de l'inconscient est l'effet de la censure.

IV.7. Les actes manqués

Avec la psychanalyse, les actes manqués, les rêves, les symptômes névrotiques ont un sens. Ce sens est révélé par l'analyse du refoulement et de la sexualité. S. Freud, dans « **Introduction à la psychanalyse** » montre que tous ces éléments sont signifiants d'une *intention* de l'inconscient, d'un désir inconscient, caché à l'auteur de l'acte. Pourtant, ces phénomènes ont un *sens*, c'est-à-dire qu'ils sont logiques (dans le sens de la logique de l'inconscient), intelligibles et qu'ils ont un rôle à remplir dans l'ensemble de la vie psychique. Pour Freud, l'explication de tous ces phénomènes obéit à un même principe. Ainsi, les névroses font apparaître ce que les rêves ou les actes manqués montrent sur un plan limité. Dans « *Psychopathologie de la vie quotidienne* », Freud démontre que les **actes manqués** sont de petits « accrocs » de la vie de tous les jours, tels que l'inattention, des erreurs involontaires, des lapsus (on dit ou l'on écrit un mot autre que celui qu'on voulait dire ou écrire). Les actes manqués ne sont pas gratuits, arbitraires, accidentels, dus à des causes extérieures à nos intentions, mais ont un *sens*. Autrement dit, chacun de ces actes doit être considéré comme un « *acte psychique complet ayant un but propre* ». Ces actes sont motivés. Leur *sens* est de servir une intention latente, soit préconsciente – et donc facilement accessible – soit totalement inconsciente. Souvent, ce sens est très visible. Il y a toujours un sens qui résulte de l'intervention de motifs cachés. Un acte manqué est un acte volontaire déformé par une contre volonté. Il se situe à l'intersection de deux intentions, dont l'une est consciente et l'autre latente. C'est donc un compromis dans la mesure où, si la contre volonté était tout à fait refoulée, l'acte volontaire n'en serait pas troublé. Au contraire, si la contre volonté pouvait s'exprimer clairement, elle serait franchement présente à la place de l'autre. Or, nous avons une solution intermédiaire : l'intention refoulée apparaît seulement à travers la perturbation qu'elle produit dans l'acte volontaire.

L'acte manqué est le retour du refoulé : ainsi, l'acte manqué est le *retour du refoulé*. Il y a compromis au fond entre l'inconscient et le conscient. Le compromis résulte de ce que le lapsus par exemple se situe exactement à l'intersection des deux intentions. Il constitue presque une surimpression ou une fusion des deux. : l'une consciente sert de couverture, l'autre, refoulée s'exprime en déformant la première. La première intention porte, en général, un message relativement anodin, acceptable en tous les cas. L'autre intention vise à exprimer une pensée que l'individu n'accepte pas consciemment. Donc ce qui est admis masque ce qui est rejeté, mais au travers de ce qui est convenable, l'inconvenant perce et parvient à se manifester. Par **exemple**, dès les premiers mots de son discours inaugural, le président de la chambre des députés déclare : « la séance est close ». Le président montre son désir de voir se terminer les débats dont il a sans doute peur. La tendance refoulée a pris la place à l'intention avouée : il y a compromis aussi parce que la personne montre qu'elle veut et ne veut pas donner pleine satisfaction à la tendance refoulée.

En générale, pour qu'il y ait acte manqué il faut qu'il y ait refoulement, superficiel ou profond. L'intention refoulée se venge par l'acte manqué : c'est le retour du refoulé qui perturbe l'inconscient conscient.

IV.8. Lapsus, oublis de mots et les rêves

- **Le lapsus : le lapsus** est pour ainsi dire l'expression déformée, cachée, de cette intention refoulée. Pour qu'il y ait lapsus, il faut qu'il y ait eu un refoulement : le refoulement d'une intention de dire quelque chose conditionne la condition indispensable au lapsus. L'intention refoulée se venge par le lapsus.
- **L'oubli de mot :** l'oubli de mot est un autre type d'actes manqués. Il est souvent provoqué par une contre volonté ou par un souvenir désagréable.

On oublie un mot parce qu'il rappelle quelque chose qui a produit un sentiment pénible, même par une très lointaine association d'idées. Par **exemple**, un jeune homme n'arrive pas à se rappeler du mot « *aliquis* » dans un vers de Virgile. Freud demande au jeune homme de lui donner toutes les associations d'idées qui lui viennent à partir de ce mot. IL pense tout d'abord à un saint puis à une amie italienne dont il craint de recevoir des nouvelles et d'apprendre qu'elle est enceinte !

Pour interpréter un acte manqué, un oubli ou un lapsus, on demande à l'auteur de cet acte manqué comment il en est venu à oublier ce mot ou à prononcer tel mot à la place d'un autre.

> **Les rêves :** S. Freud démontre l'importance du rêve pour l'étude de l'inconscient par ce principe : le rêve à un sens et ce sens est une intention, un désir refoulé. **L'hypothèse fondamentale de Freud est que le rêve est un exutoire de l'inconscient.** Interpréter les rêves signifie découvrir leur sens relativement à une pensée inconsciente. Mais ce qui rend le déchiffrement complexe est que le rêve accomplit un travail subtil de transformation des éléments inconscients refoulés. Tout rêve est ainsi la réalisation (illusoire) d'un désir ou l'accomplissement imaginaire ou symbolique d'un désir. Mais ce désir est toujours plus ou moins déguisé. Le rêve révèle que l'inconscient, avec l'aide du préconscient, est capable d'opération de transposition et de déguisement souvent très complexes. C'est pourquoi le rêve constitue pour Freud la voie la plus privilégiée, « la voie royale », pour accéder à la connaissance des mécanismes de l'inconscient et pour prouver irréfutablement son existence. Et comme la

production des rêves et celle des symptômes névrotiques sont fondées sur les mêmes processus inconscients, l'interprétation des rêves servira de point d'appui pour dévoiler le sens des névroses. Le travail de déguisement s'opère dans le rêve pour établir le compromis, c'est-à-dire satisfaire le désir inconscient et, en même temps, se faire accepter par la censure. Celle-ci représente souvent des aspirations et des normes proches de celles du moi conscient. Ainsi le rêve pourra être un compromis entre le désir inconscient et la conduite consciente. Plus la censure est sévère, plus la déformation du désir devra être grande.

IV.9. Contenu manifeste et contenu latent

Interpréter un rêve consiste à remonter du « *contenu manifeste* » c'est-à-dire de ce que le rêve raconte effectivement, aux « idées latentes » du rêve c'est-à-dire à ce qui est caché et transposé dans certains symboles du contenu manifeste.

Freud fait apparaître les mécanismes essentiels du déguisement : le rêve **condense** plusieurs faits en un seul ou **déplace** la charge émotionnelle d'une idée sur d'autres.

Les procédés dont se sert l'inconscient sont des structures du langage qui portent un nom dans la rhétorique et la stylistique.

- **La condensation :** Le travail du rêve effectue une sorte de compression qui fait qu'un petit nombre d'images du contenu objectif évoque, une diversité beaucoup plus grande, d'idées latentes. Par exemple, la mer évoque à la fois l'élément marin et la mère. La condensation est une métonymie : la partie exprime le tout comme lorsqu'on dit « la voile » pour le navire ou « prendre le volant » pour prendre la voiture.

- **Le déplacement :** il s'agit d'une opération de substitution par laquelle l'intérêt est déplacé des pensées importantes à des éléments indifférents. Ce qui est extérieur et accessoire est placé au centre et inversement. La possibilité d'un tel transfert repose sur le fait que l'énergie psychique inconsciente n'est pas retenue par les contraintes et les opérations logiques : elle peut glisser librement des représentations importantes aux représentations insignifiantes ce qui semblerait constituer pour la pensée consciente une faute de raisonnement. Grâce au déplacement, le désir se donne des équivalents symboliques, se transpose dans des images, s'exprime par des allusions, toujours pour échapper à la surveillance de la censure. Le déplacement est une « métaphore » c'est-à-dire une idée abstraite comme « *devancer ses concurrents* » qui est remplacée par une image sportive comme « *toucher le premier poteau* ».
- **La figuration :** la forme la plus importante du travail d'élaboration consiste « en une transformation d'idées en image visuelles ». Il s'agit d'une sorte de mise en scène ou de dramatisation ou comme dit Freud à un travail semblable à la transposition d'un article de fond politique en une série d'illustrations. La seule relation logique que connaissent les pensées du rêve, c'est la ressemblance, l'assimilation.

L'élaboration secondaire est l'œuvre du conscient. La conscience qui perçoit le rêve cherche, après coup, lui donner une cohérence et une unité. À cet effet, il comble les lacunes, atténue le syllogisme pour obtenir une façade harmonieuse. Ainsi le rêve perd quelque peu son apparence absurde.

Le rêve est un grand metteur en scène, il se sert notamment des souvenirs récents comme d'une matière première qu'il transforme. Le déchiffrement du rêve a pour objectif étant de chercher le désir inconscient qui se cache derrière le rêve.

IV.10. Les névroses

Une névrose est une maladie psychique dont les symptômes peuvent être physiques, mais ne sont pas guérissables par la médecine traditionnelle. Elle se caractérise par une conduite inadaptée par rapport aux exigences ordinaires de la vie. Tantôt, le malade éprouve une difficulté très grande à accomplir certains actes apparemment simples. Tantôt, il les entoure de précautions extraordinaires. Il peut aussi souffrir d'obsessions ou se sentir pousser malgré lui à des gestes dont il ne comprend pas le sens, mais qu'il se sent absolument forcé de faire. Il peut encore éprouver continuellement des troubles psychiques dont on ne voit pas la cause comme les maux de tête, des yeux, une paralysie partielle…Il peut enfin ne pas parvenir à établir des relations satisfaisantes avec les autres et avoir du mal à définir sa propre personnalité. Ce qu'il faut noter, c'est que la névrose entraîne, toujours, de grandes souffrances, dont le névrosé est parfaitement conscient, mais par rapport auxquelles il est impuissant.

Selon Freud, le névrosé souffre du « refoulement ». Ses troubles jouent un rôle de « compromis ». Ils lui servent à se protéger, plus ou moins efficacement, des effets du refoulement et, en même temps, à maintenir ce refoulement, de la même façon que toute libido refoulée se transforme en angoisse. Car une des conditions essentielles de la névrose est que le malade ne sache pas ce qu'il refoule, c'est-à-dire qu'il ignore les désirs cachés de son inconscient.

Freud met en évidence un certain nombre de caractères généraux valables pour toutes névroses.

- **La fixation à un fragment du passé constitue un trait commun à toutes les névroses :** tout névrosé reste attaché, par son affectivité profonde à un moment du passé, en général, la petite enfance. La libido des névrosés a été marquée définitivement par certains traits de leur vie sexuelle infantile : par exemple par une scène de séduction sexuelle, quelquefois imaginaire d'ailleurs, dans laquelle l'un des parents joue un rôle essentiel. Dès qu'il y a névrose, celle-ci a déjà toujours existé au moins en germe à un moment de l'enfance. **Condition fondamentale de toute névrose pour Freud :** *une expérience névrotique de la sexualité infantile.*

- **Partout, et toujours, le sens des symptômes et leur valeur symbolique sont inconnus au malade :** le malade ne peut faire le lien entre l'événement du passé et l'acte présent. Ce seul fait, à savoir que les symptômes ont une cohérence parfaite, un enchainement signifiant en dehors de toute intervention de la conscience des malades, suffirait, pour Freud à prouver l'existence de l'inconscient.

- **Devenir conscient des déterminations vécues par l'inconscient :** dès que les processus inconscients sont amenés à la conscience par l'échange qui se produit entre le malade et l'analyste – à condition que le malade arrive à comprendre non pas seulement intellectuellement, mais de façon vécue le sens de ses symptômes - ceux-ci disparaissent. **Telle est la découverte qui est à la base de la cure psychanalytique :** *il s'agit de devenir conscient des déterminations vécues par l'inconscient.* Cela revient, dit Freud à « *combler les lacunes de la mémoire des malades* ».

- **Perturbation plus ou moins grande de la mémoire :** En effet, un autre trait commun à toutes les névroses s'avère être une perturbation plus ou moins grande de la mémoire, et pourtant les passages de l'histoire individuelle qui sont ainsi « oubliés » jouent un rôle déterminant dans la formation des symptômes. Cet « oubli » n'est pas une lacune provisoire, momentanée de la mémoire : il ne se situe pas au niveau préconscient, il porte sur des faits ou des situations que le malade veut cacher.

Les symptômes se constituent pour répondre aux exigences des désirs refoulés qui demandent satisfaction. Comme la satisfaction directe leur est refusée à cause de la censeure, ils représentent des modes indirects de satisfaction ou des satisfactions de remplacement. En d'autres termes, un désir qui n'a pas pu se manifester en personne se fait passer pour quelqu'un d'autre : il trompe ainsi la surveillance de la censure exactement comme un individu se servirait d'un faux passeport pour franchir une frontière.

Ainsi, les symptômes sont des « substituts ». Les substituts sont des intermédiaires ou des compromis qui conviennent à la fois à l'inconscient (franchir la frontière) et au conscient (montrer son passeport) à la libido (principe de plaisir) et au moi (principe de réalité).

Mais cela signifie aussi que les actes névrotiques présentent un aspect double, une duplicité : d'une part, ils expriment ce qui a été refoulé, d'autre part ils expriment ce qui a causé le refoulement, son caractère infantile, inacceptable pour son moi conscient soumis aux normes de la morale et de la société.

La satisfaction obtenue grâce aux « symptômes » provoque des souffrances. Il y a souffrance parce qu'il y a conflit. Ce conflit - qui est une lutte toujours incertaine d'ailleurs – oppose les tendances du moi, qui veut se mettre en accord avec la réalité (les règles sociales et morales) et la libido qui ne poursuit que le plaisir au mépris de la réalité et même de la chronologie.

La souffrance du névrosé provient aussi de l'angoisse : chaque fois que la libido ne trouve pas de débouchés directs dans la sexualité normale, elle se transforme en angoisse. Cette angoisse est la projection à l'extérieur du danger représenté par la libido inemployée, qui menace l'existence du moi parce qu'elle risque à tout instant de faire « sauter » le verrou de la censure.

Les symptômes sont donc aussi destinés à masquer l'angoisse par la réalisation illusoire des désirs à la libido. Ainsi, en tant que compromis, ils trompent, à la fois, le moi et la libido dont ils atténuent la pression angoissante.

La première conclusion qui se dégage est l'importance absolument décisive de la sexualité et surtout de la sexualité infantile dans la formation des névroses. Bien souvent, on verra la libido opérer sous l'effet du refoulement un retour en arrière, une « régression » qui lui permet de revenir -sur un plan du symptôme et de l'imaginaire – à tel ou tel stade de la sexualité infantile.

Notons que même si au départ, la névrose n'est pas un problème sexuel, elle en devient un dans son développement. Devient névrosé, celui dont le moi ne peut plus contrôler l'énergie sexuelle qui ne sert plus à qu'à produire des symptômes morbides.

La deuxième conclusion, le plus remarquable, c'est que les processus de l'inconscient sont exactement semblables dans les névroses, les rêves et les actes manqués. Les moyens d'échapper à la censure sont identiques. Parmi ces processus, on retrouvera dans les symptômes névrotiques :

- **Le déplacement** : présence d'un signe à un endroit qui en signifie un autre situé à un autre endroit
- **La condensation** : plusieurs images ou actions pourront être fondues en une seule qui expriment, en même temps, plusieurs éléments
- **Le symptôme** : représente, en quelque sorte, un abrégé, un raccourci du conflit et du désir latent.

On retrouve, dans la névrose, la figuration imagée du rêve, son archaïsme (situation infantile) et la richesse de ses symboles.

V. Communication entre conscient et inconscient : l'hypnose Ericksonnienne

Il existe chez tous les humains une partie consciente et une partie inconsciente. Cette dernière contrôle, notamment, le fonctionnement de nos organes.

De nombreuses méthodes permettent de mieux communiquer avec son subconscient, c'est notamment le cas de l'hypnose. Inconscient et hypnothérapie sont donc très liés.

Durant les débuts de l'hypnose, l'inconscient est avant tout considéré comme la base des problèmes des clients.

Milton Erickson, pour la première fois, conçoit l'inconscient non pas uniquement comme un élément de conflit, mais surtout comme une source de solutions.

En effet, selon lui, l'accès à l'inconscient par l'hypnothérapie permet de lever les barrières du conscient, annulant ainsi les habitudes et les croyances limitantes.

Le patient a alors accès à une ressource illimitée qui va l'aider à trouver les éléments dont il a besoin pour aller mieux.

Le subconscient étant totalement libre et sans contrainte, il va permettre de voir le problème sous un jour nouveau.

Pour arriver à ces résultats et associer inconscient et hypnothérapie, Milton Erickson a développé une méthode appelée hypnose Ericksonienne.

L'hypnose est, comme nous l'avons vu, un état particulier de l'attention et de la vigilance caractérisée par certaines inhibitions ou au contraire certaines manifestations exacerbées de la mémoire et de la sensibilité.

Il faut placer le sujet en état de relaxation, le soustraire à l'influence des stimulus parasites externes tout en exerçant d'autres stimulus.

La mise en état d'hypnose exige de la part du sujet une participation plus ou moins inconsciente.

Après un travail d'induction préalable et de mise en confiance, le conscient et le subconscient peuvent alors communiquer et travailler ensemble.

VI. Les métaphores pour communiquer avec l'inconscient grâce à l'hypnose

Les individus, ou plutôt leurs subconscients sont sans cesse en train de comparer les événements qui se produisent devant eux à des situations qu'ils connaissent, qui sont ancrées dans leur mémoire.

Ainsi, l'inconscient comprend très bien les métaphores. Celles-ci peuvent être porteuses de messages très forts qui vont être vus comme une simple histoire par le conscient, mais dont les sous-entendus vont être correctement appréhendés par le subconscient.

Preuve qu'inconscient et hypnothérapie sont indissociables, cette méthode des métaphores est utilisée dans l'hypnose Ericksonienne et dans toutes les hypnoses indirectes.

Au lieu d'ordonner les changements, comme le fait l'hypnose directe, ces techniques amènent le changement sous forme de suggestions, de métaphores, qui permettent au client de garder son contrôle et d'être plus en confiance.

Nous avons la faculté de passer du **conscient à l'inconscient**, ceci est inscrit dans notre cerveau. Tous les apprentissages s'effectuent dans l'inconscient et fréquemment à notre insu.

VII. L'hypnothérapeute rechercher les causes de traumatismes dans l'inconscient

C'est dans le subconscient que sont enregistrés tous les souvenirs et les émotions, même s'ils ne sont plus accessibles par le conscient. C'est également le siège de l'imagination et de la créativité.

Ainsi, lorsqu'une personne vit une épreuve négative, toutes les sensations liées à ce moment sont emmagasinées dans l'inconscient, et ressurgissent lors d'un événement similaire.

Cela génère un traumatisme, bien souvent oublié par le conscient, mais très présent dans le subconscient.

L'hypnothérapie va permettre d'avoir un accès total à ce dernier, et ainsi remonter à la source du traumatisme, à l'événement déclencheur.

Le lien entre inconscient et hypnothérapie étant très fort, le schéma va alors pouvoir être brisé et les souffrances apaisées.

Dans ce genre de cas, les solutions qui apparaissent consciemment ne suffisent pas, car elles sont limitées à nos croyances, nos habitudes, nos valeurs…etc.

Le thérapeute ayant reçu une formation à l'hypnose va guider le client à travers son inconscient.

G. Maux sur lesquels l'hypnose peut agir

De plus en plus utilisée en médecine, et en psychothérapie, l'hypnose est efficace pour **lutter contre la douleur, se libérer de certaines dépendances** ou mauvaises habitudes (le tabac, le grignotage…), **l'anxiété, les troubles de la sexualité** et **les phobies** et favoriser la relaxation.

Si les mécanismes d'action ne sont pas encore tous connus, certaines hypothèses peuvent expliquer les succès de l'hypnose :

- **Douleurs :** pendant l'état hypnotique, la **production d'endorphines** est à son maximum. Or ce sont de véritables antalgiques naturels, qui peuvent permettre de diminuer les doses de médicaments en cas de mal de dos, de migraines…
- **La lutte contre les dépendances : l'hypnose est aussi efficace sur les dépendances. Les personnes dépendantes d'un toxique – drogue, alcool, tabac, médicaments… – sont convaincues d'avoir besoin de ce toxique pour affronter leurs difficultés émotionnelles. En état hypnotique, elles découvrent qu'elles n'ont pas besoin d'aller chercher à l'extérieur ce qu'elles ont en elles.**
- **Arrêt du tabac :** l'hypnose tente d'agir sur la dépendance psychologique et d'y substituer d'autres comportements. Le praticien va essayer de **susciter les suggestions les plus fortes**, par exemple l'association tabac-nausées
- **Stress :** en premier lieu, l'hypnose, **proche de la relaxation**, diminue

rapidement l'impact des agents stressants. Ensuite, l'état hypnotique peut permettre de trouver le seuil adéquat de stimulation/excitation du bon stress, afin que celui-ci redevienne utile

- **accouchement** : pendant la grosse, l'hypnose peut anticiper le Jour J et apprendre à se détendre. Lors de l'accouchement, elle aide à mieux gérer la peur et à diminuer la douleur, car elle provoque un relâchement total et accélère donc la dilatation du col. Cette technique se révèle efficace lorsque la péridurale ne peut pas être effectuée ou quand la future maman préfère garder sa douleur sans avoir recours à l'anesthésie entre autres. L'hypnose aide à se remettre plus vite de l'accouchement. Plusieurs études ont prouvé que les patients qui l'ont utilisé cicatrisent plus rapidement.

- **Retrouver sa libido** : les bienfaits de la relaxation par l'hypnose peuvent aider à retrouver le désir lorsqu'il n'est plus au rendez-vous. Cette méthode aide à relancer l'élan vital tué par la routine et à réveiller ses sens endormis. Le but : communiquer avec l'inconscient, être à l'écoute de ses sensations et se relaxer. Une fois détendu le patient réalise plus facilement ses besoins et ses désirs.

- **Anesthésie générale** : l'hypnose peut se substituer à une anesthésie chimique ou bien permettre de mieux la supporter. Des centres dentaires et des hôpitaux se sont essayés à cette technique qui présente de nombreux avantages : elle relaxe les patients et les soulage de la douleur sans aucun effet secondaire. Le jour de l'intervention, des exercices respiratoires de relaxation, un fond musical et la voix de l'anesthésiste plongent le patient dans un état second. Déconnecté pendant toute la durée de l'opération, il sera ensuite invité à reprendre conscience de son

environnement lorsque l'opération prend fin.
- **La chirurgie sous hypnose :** Les patients reçoivent une "hypno-sédation" en lieu et place d'une anesthésie générale classique, principalement pour des interventions de chirurgie plastique ou endocrinienne

I. Traitement de la douleur par l'hypnose

La douleur est une expérience subjective sensorielle et émotionnelle désagréable liée à une lésion d'un tissu, potentielle ou réelle.

Autrement dit, est douloureux ce que le patient ressent comme tel.

L'information de la perception douloureuse est acheminée, *via* les fibres nerveuses, d'abord vers la moelle épinière, et, de là, vers le thalamus puis vers différentes régions du cerveau, le cortex cingulaire antérieur, l'insula, le cortex somato-sensoriel, les noyaux caudés et l'amygdale.

Le thalamus intervient comme une station relais par laquelle l'information douloureuse transite vers ces autres zones.

La cartographie cérébrale indique un fonctionnement en réseau de ces zones pour décoder les différentes composantes de la douleur qui sont :

- **Sensorielle** : encodée au niveau de l'insula et du cortex somato-sensoriel, elle permet au patient d'interpréter la sensation, la localisation et l'intensité
- **Émotionnelle** : située au niveau du cortex cingulaire antérieur, elle signale l'inconfort de la douleur
- **Cognitivo-comportementale** : traité dans les cortex préfrontal et prémoteur, sert à interpréter la douleur et à modifier notre comportement en conséquence.

I.1. Une étude de l'université McGill à Montréal

Il s'agit d'utiliser l'hypnose pour étudier la composante émotionnelle de la douleur.

Problématique : comprendre l'effet cérébral de l'hypnose sur la perception de la douleur en étudiant deux composantes de la douleur : la sensation et l'émotion ressenties par le patient sous hypnose.

Objectif : comparer l'activité cérébrale quand on détourne l'attention du sujet de sa perception douloureuse, qu'il soit ou non sous hypnose.

Expérience

L'expérience consiste à maintenir un stimulus douloureux constant : appliquer sous la main gauche des sujets une plaque électrique que l'on chauffe jusqu'à 48 ° pendant 15 secondes, avant de diminuer la température puis de recommencer.

Nous observons par TEP la réponse cérébrale de onze sujets qui subissent ce stimulus dans trois situations :

- au repos, les yeux fermés, sans suggestion ;
- au repos puis sous hypnose avec dans les deux cas l'expérimentateur qui rappelle un souvenir de vacances agréables.

Après l'expérience, il est demandé à chaque patient de noter de 0 à 10 ce qu'il a ressenti sur le plan sensation et émotion.

Observation

On observe une augmentation significative de l'activité du cortex cingulaire antérieur si l'on suggère aux sujets sous hypnose que leur inconfort augmente.

L'équipe en conclut que le cortex cingulaire antérieur encode le ressenti émotionnel suscité par le stimulus douloureux.

Cette recherche, qui s'est servie de l'hypnose comme un moyen d'étude, pointe le rôle spécifique du cortex cingulaire antérieur dans la modulation de l'émotion douloureuse.

Résultat et conclusion

L'expérience confirme d'abord ce que l'on observe depuis longtemps en chirurgie : à stimulus égal, les onze sujets étudiés déclarent que leur sensation et leur inconfort diminuent lorsqu'on détourne leur attention, mais beaucoup plus sous hypnose 50 % au lieu de 20 %.

Le deuxième résultat est plus intrigant. Lorsque le sujet perçoit le stimulus comme plus douloureux, on observe, mais seulement lorsqu'il est sous hypnose, une augmentation proportionnelle du débit sanguin dans la partie moyenne du cortex cingulaire antérieur.

Hypothèse

L'activité augmente dans cette région – qui régule les interactions entre cognition, perception et émotion – pour que l'individu puisse mieux gérer sa douleur.

Expérience complémentaire

Une expérience complémentaire montre que le débit sanguin augmente aussi en fonction de l'intensité de la douleur sous hypnose dans un réseau de régions corticales et sous-corticales qui sont liées à la région 24 : le cortex prégénual impliqué dans les processus cognitifs et émotionnels, le cortex préfrontal impliqué dans la cognition, la pré-SMA et le striatum impliqué dans les processus moteurs.

Ces aires cérébrales traitent l'information nociceptive afin d'activer dans d'autres zones du cerveau la réponse comportementale et motrice de la douleur.

Conclusion générale

Le processus hypnotique entraîne un traitement de l'information douloureuse par ce réseau qui aide l'individu à mieux gérer sa douleur.

D'autres études montrent que l'état d'hypnose intervient aussi au niveau périphérique en diminuant l'intensité du signal douloureux qui va du nerf à la moelle puis au cerveau, lorsqu'on pique la jambe d'un patient.

À la lumière des résultats, il est possible d'*affirmer que les patients sous hypnose activent,* **au niveau du cerveau, un réseau qui permet de mieux gérer la douleur** *et ils arrivent ainsi à réduire de façon importante la perception et le désagrément lié à leur douleur.*

Toutes ces études renforcent l'idée que pour lutter contre la douleur, il existe non seulement des stratégies pharmaceutiques, mais aussi des stratégies psychologiques. L'hypnose agit donc à la fois au niveau du système nerveux périphérique nerfs et central du cerveau pour diminuer la perception de la douleur.

II. L'hypnose chez les enfants

L'hypnose utilisée avec des jeunes enfants peut être bénéfique. Par exemple, l'hypnose pour aider un enfant anxieux, souffrant de troubles du sommeil ou encore d'énurésie nocturne.

Certains enfants sont assez matures pour pouvoir faire de l'autohypnose dès l'âge de sept ans.

Les techniques proposées aux plus jeunes diffèrent de celles destinées aux adultes. Avec les tout-petits, on travaille plus facilement sous forme de jeu. L'aspect ludique est important pour créer un lien de confiance avec les enfants, qui ont souvent plus de difficultés que les adultes à verbaliser ce qu'ils ressentent.

Autre différence, les enfants ne peuvent pas se concentrer aussi longtemps que leurs aînés. Proposer des activités concrètes permet au thérapeute de s'adapter aux besoins des jeunes enfants.

Avec les enfants, les thérapeutes ont souvent recours à des récits métaphoriques, des techniques hypnotiques qui permettent à l'inconscient de comprendre un message indirect qui lui est adressé. Les enfants ne réagissent pas vraiment de la même manière que les adultes. Ils sont souvent plus réceptifs et travaillent plus vite. Lorsqu'ils sont mis en confiance, les jeunes patients opposent généralement moins de résistances. En revanche, il faut être prudent, car l'hypnose provoque parfois toutes sortes de sensations dans le corps, qui peuvent surprendre et paraître inquiétantes. Là aussi, le jeu s'avère très utile : il permet aux enfants d'être libres de prendre ou non ce que le thérapeute leur transmet.

La transe, cet état de conscience modifié atteint lors d'une séance d'hypnose, reste cependant plus difficile à contrôler chez des enfants qui ont tendance à beaucoup bouger et à moins bien se concentrer.

Avant tout, l'important pour le thérapeute est de savoir s'adapter aux besoins de l'enfant. Parmi les nombreuses techniques d'hypnose existantes, il choisira celle qui semble le mieux correspondre à la situation.

Notons que les thérapeutes veillent à inclure les parents dans le processus, en les invitant souvent en début de séance pour une discussion. En effet, les parents ont du mal à lâcher prise et laisser son enfant seul pendant la séance. La perspective de ne pas savoir exactement ce qu'il s'y passe peut être angoissante.

III. Pose d'un anneau gastrique virtuel par le biais de l'hypnose

Théorisée en 2011 par une hypno-thérapeute londonienne, Sheila Granger, cette pratique consiste à poser un anneau gastrique imaginaire, au moyen de l'hypnose.

Cette méthode n'est pas un régime, mais un programme de perte de poids qui repose sur la pose d'un anneau gastrique fictif et basé sur la pratique de l'hypnose.

Les promesses de l'anneau gastrique virtuel ou **"The virtual gastric band"**: proposer de perdre du poids sans effort, simplement en "reprogrammant" son cerveau à mieux et surtout à moins manger.

Vanté comme une "solution à long terme contre les problèmes de poids", à la différence des régimes, l'anneau gastrique virtuel vous fait atteindre le même résultat qu'un véritable anneau gastrique, mais sans intervention chirurgicale et sans les effets secondaires (carences en vitamines, nausées, etc).

Autrement dit, le patient doit se sentir vite rassasié parce que vous avez l'impression que votre estomac a rétréci (à cause de l'anneau fictif qui l'entoure).

Solution indolore (mais pas sans efforts) à long terme, qui nécessite toute une préparation.

L'hypnothérapeute interroge le patient sur son mode de vie, son état de stress, de sommeil, et surtout sur les raisons qui l'empêchent de prendre des kilos : « vous faites trop d'écarts », « vous vous resservez tout le temps », « vous n'arrivez pas à dire "non" au sucre », « vous avez des "pulsions" »…etc.

L'intérêt de l'anneau gastrique virtuel, c'est de montrer à l'inconscient un comportement plus sain en changeant les automatismes et en lui faisant croire en un objectif plus motivant que le plaisir de manger. Pour certaines, c'est de paraître plus mince, d'avoir plus confiance en soi, de se sentir mieux dans sa peau.

Principe : l'hypnose nous fait vivre l'opération à l'hôpital comme si l'on y était.

Après plusieurs séances d'hypnose avec un thérapeute, il est généralement conseillé de suivre des séances sur internet, recommandées par l'hypnothérapeute, pendant un mois, avant chaque repas. Au moment de "craquer", l'anneau gastrique virtuel agit sur votre inconscient pour vous en empêcher.

Le thérapeute fixe, avec vous, une feuille de route, une liste d'écarts à proscrire.

Car l'anneau ne peut pas tout faire : la volonté reste indispensable pour respecter la feuille de route.

L'hypnose sert à modifier la relation qu'a le patient à quelque chose. Par exemple, si le patient est obsédé par le sucré, on va trouver une façon – s'il le veut bien – que le sucré l'écœure ou que ça l'intéresse moins",

En effet, grâce à l'anneau gastrique virtuel, il est possible de réduire son poids, et grâce au dégout des aliments qui vous tentent, et grâce au goût du sport, vous adoptez une modification saine de vos habitudes alimentaires et un meilleur mode de vie.

Avec l'anneau gastrique virtuel, "on laisse ressentir » à la personne qu'il y a quelque chose dans l'estomac qui peut lui donner un signal de satiété.
Il est également recommandé d'être suivi, en parallèle, par un nutritionniste ou un médecin.

La séance d'hypnose
Elle consiste en une anesthésie virtuelle des membres du corps de la personne, comme lors d'une opération, puis la visualisation de son anneau de la couleur que la personne souhaite. L'état hypnotique est très agréable à expérimenter, ça détend.

III.1. L'ancrage

Lors de la séance, le thérapeute pose des ancrages. Un ancrage est un procédé mémo technique, les publicitaires les emploient pour nous faire consommer en associant un slogan à un aliment, comme : "*Haribo c'est bon la vie, pour les grands et les petits*".
La phrase rime de façon à nous faire consommer de la graisse de porc et des édulcorants, qui sont mauvais pour la santé en nous faisant croire que ça rendrait la vie plus heureuse.
Ainsi, un ancrage va devenir un automatisme, le thérapeute demande donc à ses patients de serrer leur poing chaque fois qu'ils auront résisté à une envie d'un aliment qu'il leur dit être nocif (frites, biscuits, glaces, etc…tout ce qui fait grossir).

Cet ancrage renforce leur confiance à résister à une envie ou une compulsion, et renforce aussi leur estime d'eux-mêmes. C'est un cercle vertueux.

IV. Penser autrement grâce à l'hypnose

Le processus hypnotique, en passant de la focalisation de l'attention à un état de veille particulier, entraîne le cerveau à une gymnastique bénéfique.
En effet, deux vastes réseaux cérébraux fonctionnent en opposition de phase.

- **Le réseau « par défaut »** : activé quand l'esprit vagabonde, entraîne à l'introspection permettant, par exemple, d'envisager l'avenir en se fondant sur ses expériences passées. Son activité est maximale quand nous ne faisons rien, mais diminue dès que nous réalisons une tâche cognitive.
- À l'inverse, **le réseau attentionnel** est très peu actif, voire inactif, au repos, mais son activité augmente au cours d'une tâche cognitive.

Le va-et-vient entre ces deux réseaux a été mis en évidence pour la première fois en 2005, simultanément à l'institut Karolinska, à Stockholm en Suède, et à la faculté de médecine de Washington, aux États-Unis. La bascule de l'un à l'autre optimiserait le fonctionnement du cerveau et minimiserait l'énergie consommée.

Plus certainement, l'hypnose, par sa capacité à modifier la perception de la réalité, favorise la « flexibilité psychologique », soit notre aptitude à prendre du recul face à une situation donnée.
Car si l'on est trop en prise avec un problème, on fait obstacle à sa résolution.

C'est quand on accepte que la situation puisse ne pas changer que l'on s'ouvre à une autre possibilité.

L'état hypnotique favorise ce processus. Il place dans une forme de perception globale dans laquelle nous recevons toutes les informations en même temps, sans fournir de signification.

Cet état de confusion permet de circuler d'un élément de la réalité à un autre sans avoir à justifier de liaison. Il nous sort de notre manière habituelle d'opposer des pensées, de faire des choix. L'hypnose est ainsi un générateur de nouvelles solutions.

Conclusion

L'hypnose peut pallier à de nombreux maux et les résoudre sans avoir recours à des procédés chimiques traditionnels. Les domaines d'efficacité de l'hypnose sont de plus en plus larges. Cette thérapie offre de multiples possibilités pour soigner et guérir de plus en plus de maux.

En ce sens, elle se pose en une alternative efficace à la médecine traditionnelle dans de nombreuses occasions.

De nos jours, l'hypnose a gagné ses lettres de noblesse. En effet, les patients n'hésitent plus à aller consulter un hypnothérapeute tout de suite après avoir consulté un médecin.

L'hypnose entre ainsi dans le parcours des soins au même titre que d'autres thérapies.

Les techniques avancées de l'imagerie médicale permettent de découvrir et de prouver que l'hypnose est une thérapie à part entière. Les fonctions d'applications sont de plus en plus repoussées à mesure que la recherche sur l'hypnose avance en connaissance.

Gageons que les nouvelles techniques d'exploration cérébrale renforceront le recours à l'hypnose, non seulement comme méthode thérapeutique, mais aussi en tant qu'outil de recherche pour préciser les mécanismes de la nociception et explorer les états modifiés de conscience.

Table des matières

Introduction

A. Généralité sur l'hypnose

I. Qu'est-ce que l'hypnose ?

II. Les principales techniques d'hypnose

B. L'hypnose et le cerveau

I. Le cerveau en état d'hypnose : la transe hypnotique

II. Le fonctionnement du cerveau

Schéma 1 : Les diverses activités du cerveau

Schéma 2 : les diverses activités de l'encéphale

Schéma 3 : les diverses parties de l'encéphale humain

III. Prise de décision au niveau du cerveau

IV. Le système nerveux

Schéma 4 : organisation générale du système nerveux humain

    IV.1. Le neurone

    IV.2. Les synapses

Schéma 5 : les différentes sortes de synapses interneurones

    IV.3. Les neurotransmetteurs ou neuromédiateurs

Schéma 6 : action des neurotransmetteurs

Schéma 7 : exemple d'une fibre sécrétant 2 neuromédiateurs qui contrôlent 2 phénomènes complémentaires : la sudation et la dilatation des vaisseaux, entraînant le rougissement

Schéma 8 : action d'un neurotransmetteur

V. Effet de l'hypnose sur le cerveau : une étude de l'école de médecine de l'université de Stanford aux États-Unis

Schéma 9 : le cerveau en conscience normale et sous hypnose

C. L'hypnose et les sensations

I. Qu'est-ce qu'une sensation ?

Schéma 10 : l'homunculus sensitif :

II. Le cortex cérébral

III. L'aire ou les zones sensitives cérébrales

Schéma 11 : les aires sensorielles du cortex cérébral humain

Schéma 12 : les principales localisations cérébrales

Schéma 13 : les zones d'associations du cerveau humain

IV. Le mécanisme de la perception des sensations sous hypnose : une étude réalisée à l'université d'Harvard : expérience sur les tâches sensorielles

V. Expérience pour « débrancher les automatismes »

VI. Mieux jouer de nos sens avec l'hypnose

D. L'hypnose et l'activité motrice

I. L'aire motrice et psycho-motrice

Schéma 14 : Détail des aires motrices commandant les muscles striés (circonvolution frontale ascendante humaine)

Schéma 15 : l'homunculus moteur

Schéma 16 : Trajet de l'influx déclenchant et coordonnant l'activité motrice

II. Expérience sur les tâches motrices sous hypnose : une étude réalisée à l'université de Genève

Schéma 17 : les 3 régions systématiquement activées sous hypnose

III. Circuits neuronaux impliqués sous hypnose

Schéma 18 : circuit neuronique activé durant l'état d'hypnose

E. Hypnose et mémoire

I. Notion de mémorisation

Schéma 19 : les circuits réverbérants

- II. Expérience sur les tâches de remémorisation
- III. Expériences consistant à faire revivre des vacances agréables à 9 sujets

F. Hypnose et inconscient

- I. L'hypnothérapie pour comprendre l'inconscient
- II. La topique freudienne
- III. Les informations filtrées par le cerveau

Schéma 20 : les différentes topiques de l'appareil psychique et les principaux lieux qu'ils entretiennent

- IV. Principales notions de psychanalyse
    - IV.1. La notion d'inconscient
    - IV.2. Le préconscient
    - IV.3. La censure ou Idéal du Moi ou Surmoi
    - IV.4. Le refoulement
    - IV.5. Le retour du refoulé
    - IV.6. La résistance
    - IV.7. Les actes manqués
    - IV.8. Les lapsus, oublis de mots et rêves
    - IV.9. Les mécanismes du déguisement : contenu manifeste et latent
    - IV.10. Les névroses
- V. Communication entre conscient et inconscient : l'hypnose Ericksonnienne
- VI. Les métaphores pour communiquer avec l'inconscient grâce à l'hypnose

Schéma 21 : la spécialisation des cerveaux, le conscient et l'inconscient

- VII. L'hypnothérapeute recherche les causes des traumatismes dans l'inconscient
- **G. Maux sur lesquels l'hypnose peut agir**
    - I. Traitement de la douleur par l'hypnose
        - I.1. Une étude de l'université MC Gill à Montréal
    - II. L'hypnose chez les enfants
    - III. Pose d'un anneau gastrique virtuel par le biais de l'hypnose
        - III.1. L'ancrage
    - IV. Penser autrement grâce à l'hypnose

Conclusion

Index des Sources

Sources bibliographique :
Freud : « *L'interprétation du rêves* » (Puf)
      « *Introduction à la psychanalyse* » (Puf)
      « *Psychopathologie de la vie quotidienne* » (Puf)
      « *5 leçons sur la psychanalyse* » (Puf)
      « *Essai de psychanalyse* » (Puf)

P. Vincent : « *le corps humain* » (Vuibert)
M. Dion, M. Fontanel, L. Girard, J. Martin, P&R Noars, F.Teyssier, R. Thomas : « *Biologie* » (Nathan)

Source numérique :
https://www.francetvinfo.fr/sante/decouverte-scientifique
https://www.planetesante.ch/Magazine /Hypnose
https://www.hypnose.fr/actualites
https://www.pourquoidocteur.fr/Articles
https://www.psychologies.com/Therapies/Toutes-les-therapies
https://www.femmesdaujourdhui.be/bien-etre/sante
https://www.topsante.com/medecines-douces/hypnose
https://www.passeportsante.net/fr/Therapies
https://www.santemagazine.fr/medecines-alternatives
https://www.planetesante.ch/Magazine/Medicaments-examens-et-traitements/Hypnose
https://nospensees.fr/v-s-ramachandran-un-genie-de-la-neuroscience
https://carnets2psycho.net/theorie/histoire
http://tpehypnose2014.e-monsite.com
http://www.psychomedia.qc.ca/psychologie
https://www.cerveauetpsycho.fr/sd/psychologie
http://secretshypnose.com/hypnose-et-neurosciences
https://www.doctissimo.fr/html/psychologie